智能网联汽车专业（方向）规划教材

智能网联汽车导论

上海景格科技股份有限公司　组编

主　编　闫建来
副主编　郑玉宇
参　编　吕　坚　李欣欣
　　　　袁　孟　王永环

机械工业出版社

本书是在《中国制造2025》行动纲领指引下，为配合中国科协"大学加课"工程，加快培养智能制造领域各层次人才，由中国汽车工程学会牵头，联合上海景格科技股份有限公司共同编写的。

本书从汽车技术发展、车联网、通信、交通、大数据、云计算、相关标准和政策法规等方面全面系统地介绍了智能网联汽车的发展现状、趋势和先进技术，并通过实例说明了智能网联汽车的应用场景。

本书可供开设智能网联汽车专业（方向）的院校教学使用，也可供相关专业的师生参考。此外，还可供汽车爱好者自学使用。

图书在版编目（CIP）数据

智能网联汽车导论/闫建来主编. —北京：机械工业出版社，2019.12（2025.1重印）
智能网联汽车专业（方向）规划教材
ISBN 978-7-111-64065-3

Ⅰ.①智…　Ⅱ.①闫…　Ⅲ.①汽车–智能通信网–教材
Ⅳ.①U463.67

中国版本图书馆 CIP 数据核字（2019）第 230303 号

机械工业出版社（北京市百万庄大街22号　邮政编码100037）
策划编辑：冯春生　责任编辑：冯春生
责任校对：张　力　封面设计：张　静
责任印制：常天培
固安县铭成印刷有限公司印刷
2025年1月第1版第3次印刷
184mm×260mm·10.75印张·256千字
标准书号：ISBN 978-7-111-64065-3
定价：32.00元

电话服务　　　　　　　　　　网络服务
客服电话：010-88361066　　机　工　官　网：www.cmpbook.com
　　　　　010-88379833　　机　工　官　博：weibo.com/cmp1952
　　　　　010-68326294　　金　书　网：www.golden-book.com
封底无防伪标均为盗版　机工教育服务网：www.cmpedu.com

前　言

汽车产业是推动新一轮科技革命和产业变革的重要力量，是建设制造强国的重要支撑，是国民经济的重要支柱。当前，新一代信息通信、新能源、新材料等技术与汽车产业加快融合，产业生态深刻变革，竞争格局全面重塑，我国汽车产业进入转型升级、由大变强的战略机遇期。2016年8月，国家四部委在贯彻落实《中国制造2025》的《高端装备创新工程实施指南（2016—2020）》（以下简称《指南》）中，明确了节能与新能源汽车的三个重点发展方向：节能汽车、新能源汽车和智能网联汽车。《指南》首次将智能网联汽车提升到了国家战略的高度。为贯彻《指南》的指导思想，配合中国科协"大学加课"工程，进一步推进智能网联汽车专业（方向）课程改革和教材建设进程，加快培养智能制造领域各层次人才，特组织相关单位，以中国科协组织编制的《大数据导论》、《云计算导论》和《人工智能导论》三本导论课教材为基础，编写出《智能网联汽车导论》一书。

本书从汽车技术发展、车联网、通信、交通、大数据、云计算、相关标准和政策法规等方面全面系统地介绍了智能网联汽车的发展现状和趋势。本书共分8章。

第1章概述了智能网联汽车技术，主要包括国内外智能网联汽车发展历程和现状、智能网联汽车的内涵、智能网联汽车系统构成和功能以及技术架构。

第2章介绍了车联网与智能汽车，主要包括车联网的基本概念、车联网的体系架构、V2X智能网联技术和应用以及智能汽车的预警系统。

第3章介绍了智能网联汽车通信技术，主要包括智能网联汽车通信技术的含义和分类、通信交互终端和智能通信系统的含义及九大功能。

第4章介绍了智能交通系统，主要包括国内外智能交通系统的发展、智能交通系统的概念与特征、智能交通系统体系架构的含义及方法、智能交通系统的技术构架以及智能交通系统的业务架构，即智能交通系统的相关应用。

第5章介绍了智能网联汽车与大数据，主要包括大数据的基本概念和特征、大数据处理技术架构、大数据在智能网联汽车产业的应用及处理流程。

第6章介绍了智能网联汽车与云计算，主要包括云计算的内涵、云计算系统的系统架构和云计算在智能网联汽车中的应用。

第7章介绍了智能网联汽车相关测试技术，主要包括智能网联汽车测试的目的、意义和方法以及智能网联汽车测试规范、测试标准和测试场景。

第8章介绍了智能网联汽车技术标准和法规，主要包括国家出台的有关智能网联汽车的相关法律法规、智能网联汽车质量标准、智能网联汽车信息安全标准和道路测试法规。

我国汽车发展经历了从传统能源汽车到新能源汽车，再到智能网联汽车这几个阶段。因此，在实际使用过程中，建议在传统能源汽车课程和新能源汽车课程的基础上增加智能网联汽车课程。

本书作为智能网联汽车技术相关教材的先导课程，在整个学习过程中，具有一定的指导和引导作用。本书内容新颖、条理清晰、图文并茂、通俗易懂，可供开设智能网联汽车专业（方向）的院校教学使用，也可供相关专业的师生参考。此外，还可供汽车爱好者自学使用。

智能网联汽车作为一个新兴产业，一切都还在不断发展当中。由于编者水平有限，难免挂一漏万，如有不妥之处，希望及时提出意见和建议，以便在修订时改正和完善。

编　者

目　录

第1章

智能网联汽车技术概述

导读

　　本章从工业革命出发，介绍汽车技术发展的历程及趋势，从而引出当前汽车行业的热点——智能网联汽车的相关内容。首先介绍了美国、日本、欧盟和我国智能网联汽车发展的历程与现状；在此基础上阐述了智能网联汽车相关术语的内涵、相互关系以及智能网联汽车的系统构成和功能；最后简要介绍了智能网联汽车的技术架构。

本章知识点：
- 汽车技术发展历程及趋势
- 智能网联汽车发展历程与现状
- 智能网联汽车的内涵
- 智能网联汽车系统构成及功能
- 智能网联汽车技术架构

1.1　汽车技术发展历程及趋势

　　近两百多年以来，工业革命已有四次，其发展历程如图1-1所示，每一次工业革命的发生都源于科学的发现和颠覆性技术的发明。工业革命像浪潮一样不断地推进着人类社会生活方式和生产方式的变革。

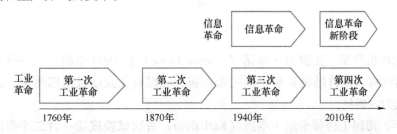

图1-1　工业革命的发展历程

18 世纪 60 年代 ~ 19 世纪 60 年代,蒸汽机的发明和应用为第一次工业革命的主要标志。

19 世纪 70 年代 ~ 20 世纪初,电力的发明和广泛应用为第二次工业革命的主要标志。

20 世纪 40 年代,原子弹、电子计算机、空间技术和生物工程的发明和应用为第三次工业革命的主要标志。

21 世纪 10 年代,通信、互联网、物联网、大数据、云计算、人工智能等新兴的信息与通信技术的出现推动工业革命进入新的阶段,标志着第四次工业革命的开始。

1.1.1 汽车技术发展历程

1. 汽车的诞生

汽车的诞生经历了一个漫长的过程,它伴随着工业革命的变革而发展(图 1-1)。总体来看,汽车的诞生大致可以分为蒸汽汽车和内燃机汽车两个阶段。

(1)蒸汽汽车 1705 年,托马斯·纽科门(Thomas Newcommen)首次发明了不依靠人和动物来做功而是靠机械来做功的实用化蒸汽机。1769 年,法国炮兵大尉尼古拉斯·约瑟夫·古诺(N. J. Cugnot)接到命令需要研制一款大炮的牵引车,在这种机缘巧合下第一辆蒸汽三轮汽车(图 1-2)诞生了。该车前面支撑着一个梨形大锅炉,后边安装了两个气缸,锅炉产生的蒸汽送进气缸,推动气缸里面的活塞上下运动,再通过曲柄把动力传给前轮驱动车辆前进,成为世界上第一辆机动车。这辆蒸汽三轮汽车的时速可以达到 4km 左右,大大提高了当时的工作效率。随后,其他人在速度和乘车人数上做了相关的改进,制造了蒸汽公共汽车。但是蒸汽汽车本身具有起动困难、转向不灵敏、笨重且惯性较大以及热效率低等缺点,这些缺点限制了蒸汽汽车的发展。随着技术的进步,人们一直在不断地探索新的方式来驱动汽车,这也为内燃机的发展奠定了基础。

图 1-2 蒸汽三轮汽车

(2)内燃机汽车 艾提力·雷诺(Etience Lenor)在 1800 年制造了一种与燃料在外部燃烧的蒸汽机(即外燃机)所不同的发动机,让燃料在发动机内部燃烧,人们后来称这类发动机为内燃机。

1879 年,德国工程师卡尔·本茨(Karl Benz)首次试验成功一台二冲程试验性发动机,并于 1885 年制成了第一辆本茨专利汽车,如图 1-3 所示。该车为三轮汽车,采用一台二冲程单缸 0.9 马力[⊖]的汽油机，此车具备了现代汽车的一些基本特点，如火花点火、水冷循环、钢管车架、钢板弹簧悬架、后轮驱动、前轮转向和制动手把等。与此同时，德国人戴姆勒（Daimler）在迈巴特的协助下，于 1886 年制成了世界上第一辆"无马之车"。由此，1886 年被称为汽车元年，本茨和戴姆勒成为人们公认的以内燃机为动力的现代汽车的发明者，被尊称为"汽车之父"。

图 1-3　卡尔·本茨研制的世界上第一辆马车式三轮汽车

2. 汽车技术的发展

伴随着第三次工业革命和信息革命，汽车技术逐渐从机械化向电子化、电控化方向转变。近年来，随着电子技术、计算机技术和信息技术的应用，汽车电子技术、电子控制技术得到了迅猛的发展，大致经历了四个阶段：初级阶段、迅速发展阶段、电子技术逐渐向智能化发展阶段和电子技术向智能化、网联化、自动化发展的阶段。

1）20 世纪 50～60 年代是汽车电子技术发展的初级阶段。此阶段主要是一些汽车厂家开始研发单一的电子零部件，用一些简单的电子设备取代以前的机械部件，以改善汽车某些机械部件的性能。这一阶段具有代表性的汽车电子器件主要有电子式间歇刮水控制器、电压调节器、晶体管无触点点火装置和电子闪光器等。

2）20 世纪 70 年代初到 80 年代中期是汽车电子技术迅速发展阶段。此阶段主要是开发汽车各系统专用的独立控制部分，将电子装置应用于某些机械装置无法解决的复杂控制功能方面，如发动机控制系统、制动防抱死系统（ABS）等。对于电动汽车，主要是研究整车控制、电机控制和电池管理等电子控制技术，从而提高汽车动力性、经济性、安全性、舒适性，以满足用户对能源利用率和汽车性能的需求。

3）20 世纪 80 年代中期到 90 年代中期是微型计算机在汽车上应用日趋成熟并向智能化发展阶段。此阶段主要是开发可完成各种功能的综合系统及各种汽车整体系统的微机控制，如集发动机控制与自动变速器控制为一体的动力传动系统控制、制动防抱死与防滑转控制系统等。

4）20 世纪 90 年代中期至今是汽车电控技术向汽车智能化、网联化、自动化发展的

⊖　1 马力 = 735.499W。

阶段。此阶段微机运算速度和存储位数大大提高，网络和通信技术迅速发展，车辆的智能控制和网络控制技术应运而生。这一阶段具有代表性的系统主要有通信与导航协调系统、安全驾驶检测与警告系统、自动防追尾碰撞系统、自动驾驶系统和电子地图等。

1.1.2 汽车技术发展趋势

当前，以万物互联、大数据、云计算和人工智能等为代表技术的新一轮科技变革方兴未艾，正在引领全球制造业的全面转型升级，并引发产业格局和生态的重构。面对这变局，世界各工业强国都制定了相应的应对策略，加大科技创新力度，推动前沿技术发展，欲抢先建立智能制造体系，占得制造业未来发展的战略先机。其中，具有代表性的包括德国的"工业4.0"、美国的"工业互联网"和日本的"机器人革命"等。在这些发展战略中，汽车产业和技术都占据了至关重要的位置，各国纷纷选择汽车产业作为制造业整体升级的突破口，依托汽车产业的基础性、关联性和带动性，加快推进制造业转型。这一战略指向带动全球汽车技术进入了加速进步和融合发展的新时期，并呈现出低碳化、信息化、智能化三大发展趋势。这三大趋势既有各自的独特内涵，又有紧密的相互联系，如图1-4所示。

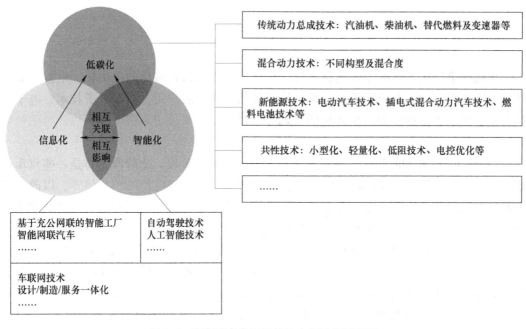

图1-4 汽车技术发展趋势的内涵及相互关系

1. 三大趋势的内涵

（1）低碳化 低碳化代表着汽车产业不断降低能源消耗和污染物排放的技术趋势，主要包括传统动力技术和传动技术的升级、新能源技术和混合动力技术的发展，以及汽车共性技术的进步等。低碳化最终指向的是节能汽车和新能源汽车。

（2）信息化 信息化代表着以网络、通信及电子技术为基础，信息技术不断在汽车产品上得到更多应用的技术趋势。这一趋势实际上涵盖了信息技术在汽车产品和汽车产业链整体两方面的应用，包括车联网、基于网联的设计/制造/服务一体化等技术。

（3）智能化　智能化代表着以车载传感器、控制器、执行器等装置为基础，实现车辆对复杂环境感知、智能决策、协同控制等功能的技术趋势。各级别的自动驾驶技术、人工智能在汽车上的应用都是这一趋势的表征技术。

2. 三大趋势间的关系

汽车技术中低碳化、信息化、智能化三者的发展趋势是密切相关的。其中，信息化技术与智能化技术相互关联，相互影响，信息化是智能化的基础，没有充分的信息化作为支撑，智能化就不可能达到较高的水平。反之，智能化技术的应用又对信息化起到了促进作用，使信息化技术可以得到更好的效果。信息化和智能化两者共同指向高度信息化和高度智能化技术在汽车产业和产品的有效集成，基于充分网联的智能工厂和智能汽车是其最终的核心目标。与此同时，信息化和智能化又对低碳化具有极强的推进作用，高度网联智能的汽车产品将实现更大程度的节能减排，从而使汽车低碳化技术发挥更大的效用。集合三大趋势的汽车称之为智能网联汽车，即指搭载先进传感器、控制器、执行器等装置，并融合现代通信与网络技术，实现车与人、车、路灯等设施的智能信息交换共享，实现安全、舒适、节能、高效行驶，并最终可替代人来操作的新一代汽车。

1.2　智能网联汽车发展历程与现状

1.2.1　国外智能网联汽车发展历程与现状

国外对智能网联汽车的研究相对较早，比如美国、日本、欧盟等，它们对智能网联汽车的研究依托于智能交通系统的整体发展。总体来看，美国、日本、欧盟等智能网联汽车的发展受到各自政府的高度重视，相继出台了以车辆智能化和网联化为核心的发展战略。

1. 美国

（1）美国智能网联汽车发展历程　美国自 1991 年开始着手建设智能交通系统（Intelligent Traffic System，ITS），此后便开启了美国 ITS 的大规模研究，主要事件见表 1-1。美国交通运输部于 2011 年 10 月开始主持研究和测试"网联汽车技术"，经过几个月的研究和实践，肯定了网联汽车技术具有安全性的潜力优势。至此，美国正式拉开了网联汽车研究与应用部署的序幕。

表 1-1　美国智能网联汽车发展历程

时　间	事　件
1991 年	美国交通部制定《陆上综合运输效率化法案》
1992 年	美国交通部发布《ITS 战略计划》
1995 年	美国交通部发布《美国国家 ITS 项目规划》
1998 年	美国交通部制定《面向 21 世纪的运输平衡法案》
1999 年	美国国会批准《国家 ITS 五年项目计划》

（续）

时　间	事　件
2002 年	美国交通部提出 2002—2011《国家 ITS 项目计划 10 年计划》
2005 年	美国交通部继 TEA-21 法案后，通过了 SAFETEA-LU 法案
2010 年	美国交通部发布《美国 ITS 战略计划 2010—2014》
2011 年	美国交通部主持研究和测试网联汽车技术

（2）美国智能网联汽车发展现状　2013 年，美国高速公路安全管理局（NHTSA）发布了《关于自动驾驶车辆政策的初步声明》，这是第一个关于自动驾驶汽车的政策。该政策明确了 NHTSA 在自动驾驶领域支持的研究方向，主要包含人为因素的研究、系统性能需求开发和电控系统安全性三个方面。

2014 年，美国交通运输部与 ITS 联合项目办公室共同提出 ITS 战略计划 2015 ~ 2019（ITS Strategic Plan，2015 ~ 2019），提出了美国 ITS 未来五年的发展目标和方向。这是《ITS 战略计划 2010 ~ 2014》的升级版，美国 ITS 战略从单纯的汽车网联化升级为汽车网联化与智能化（自动化）的双重发展战略。

美国 ITS 联合项目办公室当前正在推进的项目中，大多与网联化技术相关，主要有网联汽车的安全性应用研究、移动性应用研究、政策研究、网联汽车技术研究、网联汽车示范应用工程等多个维度。

2. 日本

（1）日本智能网联汽车发展历程　日本的交通设施基础较好，拥有比较领先的 ITS，智能网联汽车技术水平稳步推进，主要事件见表 1-2。日本在汽车智能化和网联化领域都有着深入的研究。

在智能化方面，日本从 1991 年开始支持先进安全汽车（ASV）项目，五年为一期，至今已经开展了五期。2010 ~ 2015 年为 ASV 项目的第五期，主要的研究方向包括安全驾驶和驾驶人监控技术、基于 V2X 协同通信的车辆驾驶辅助系统应用、先进安全技术的商业化应用与提高用户可接受程度、先进安全汽车与国际相关技术标准的协调与兼容性。

在网联化方面，日本于 2005 年启动了"协同式车辆道路系统（Cooperative Vehicle-Highway Systems，CVHS）"的车载信息系统和路侧系统的集成开发和试验。

表 1-2　日本智能网联汽车发展历程

时　间	事　件
1991 年	日本制定《第 5 个交通安全计划》
1994 年	建设省、运输省、警察厅、通产省、邮政省联合共同推进 ITS 研究
1996 年	日本政府提出《ITS 总体构想》
2001 年	日本政府提出《E-JAPAN 战略》
2006 年	日本政府启动"智能道路计划 Smart Way"
2010 年	日本政府提出《新信息通信技术战略》
2011 年	日本政府提出《第 9 次安全基本计划》
2013 年	日本提出《世界领先 IT 国家创造宣言》，启动 SIP（战略性创新创造项目）计划

（2）日本智能网联汽车发展现状　为实现《世界领先 IT 国家创造宣言》中提出的"车辆自主式系统与车-车、车-路信息交互系统的组合以及在 2020 年开始自动驾驶的试用"目标，2014 年，日本内阁府制定了《SIP（战略性创新创造项目）自动驾驶系统研究开发计划》，计划确定了 4 个方向共计 32 个研究课题，旨在推进政府和民间协作所必要的基础技术以及协同式系统相关领域的开发与实用化。此外，日本政府还制定了未来的发展目标和方向的战略，见表 1-3。

表 1-3　日本智能网联汽车发展规划

时　间	阶　段	事　件
2014~2016 年	短期战略	1）完成市场总体部署 2）研发 V2X 系统及终端设备
2017~2020 年	中期战略	1）2017~2018 年，完成部分自动驾驶市场部署，死亡人数降到 2500 人/年 2）2019~2020 年，完成驾驶安全支持系统、V2X 研发与市场化，建设全世界最安全的道路 3）完成交通信息开放数据共享架构及应用，减少交通拥堵，并为 2020 年东京奥运会提供运行方案
2021~2030 年	远期战略	1）完成自动驾驶系统研发及市场应用 2）最终建设完成全世界最安全且最畅通的道路的目标

3. 欧盟

（1）欧盟智能网联汽车发展历程　为了促进欧洲智能网联汽车的研究和开发，欧盟委员会于 1984 年开始实施研发框架计划（Framework Program，FP），并开始制定一些战略发展智能网联汽车，见表 1-4。

表 1-4　欧盟智能网联汽车发展历程

时　间	事　件
1986 年	开始民间主导的 PROMETHEUS，以实现车辆智能化为主
1988 年	欧洲各国政府主导的 DRIVE，以开发智能交通基础设施为目的
1996 年	欧盟正式通过《跨欧亚交通网络（TEN-T）开发指南》
1997 年	欧盟委员会制定《欧盟道路交通信息行动计划》
2001 年	欧盟委员会制定《欧洲 2010 交通政策》《2001~2006 隔年指示性计划》
2004 年	欧盟进行了 ITS 整体体系框架的研究（FRAME 计划）

为了克服欧洲道路交通部署 ITS 行动迟缓和碎片化的问题，2010 年欧盟委员会制定了《ITS 发展行动计划》（ITS Directive 2010），以实现 ITS 部署的整体化与通用化，使无缝交通服务成为欧洲道路交通系统的新常态，这是第一个在欧盟范围内协调部署 ITS 的法律文件。

2011 年，欧盟委员会发布白皮书《一体化欧盟交通发展路线——竞争能力强、资源高效的交通系统》。书中提出：①与 1990 年相比，到 2050 年时，温室气体排放将减少 60%；②2020 年交通事故数量减少一半，2050 年实现"零死亡"，并从建设高效与集成化交通系统、推动未来交通技术创新、推动新型智能化交通设施建设三个方面推进具体的工作。

2012 年，欧盟委员会提出了《欧盟未来交通研究与创新计划》，在交通安全领域，重点提出以下研究内容：①加强路-路、车-路、车-车之间的通信，实现信息共享，提高车辆安全性；②综合考虑驾驶人、车辆与道路一体化的道路安全系统，并通过政策、标准、法规的引导，快速推动相关技术的研究与产业化应用；③加速推动主动安全、被动安全以及道路紧急救援相关的应用与服务；④加速推进交通信息化的研究与应用。

（2）欧盟智能网联汽车发展现状　欧盟从 2010 年起发布了一系列政策，引导各国智能网联汽车产业发展，最终形成相对完整的包含智能网联汽车在内的智能交通发展战略体系。如 2013 年，欧盟委员会推出地平线 2020 计划，推进智能网联汽车的研发；2014 年启动的欧盟第八个框架计划"Horizon 2020"也在进行中，"Horizon 2020"项目在交通领域重点支持九个方向，其中道路、物流、智能交通系统都涉及智能网联汽车产业的相关领域；2015 年，欧洲道路交通研究咨询委员会发布自动驾驶路线图，规划 2030 年前乘用车从手动驾驶过渡到完全无人驾驶的技术路线图。

1.2.2　我国智能网联汽车发展历程与现状

1. 我国智能网联汽车发展历程

相较于国外，我国在智能网联汽车领域的研究起步稍晚，但是国家一直非常重视智能网联汽车的发展，并逐渐上升到国家的战略层面。2016 年我国发布《中国制造 2025》的《高端装备创新工程实施指南（2016—2020）》，提出汽车低碳化、信息化、智能化的发展方向。我国智能网联汽车发展历程见表 1-5。

表 1-5　我国智能网联汽车发展历程

时　间	发展阶段	主　要　事　件
1989~1999 年	小范围研发阶段	1）自动驾驶研发主要集中在少数高校 2）一些整车企业开始尝试与部分高校合作开展自动驾驶汽车的研发
2000~2009 年	国家层面支持研发阶段	1）国家开始进行智能交通攻关立项，在国家层面推进智能交通的研发，如"863 计划"设立了"智能交通系统关键技术开发和示范工程"、现代交通技术领域等 2）更多高校和企业参与自动驾驶技术的研发，并取得一定成果，如 2003 年国防科技大学在一汽集团赞助下，完成红旗 CA7460 无人驾驶平台试验；2005 年上海交通大学研发出应用在城市交通的自动驾驶车辆等
2010~2015 年	车联网概念阶段	1）国家积极推动车联网技术的发展，如先后投放了"基于移动中心技术的车辆通信网络的研究""车路协同系统设计信息交互和集成验证研究""车联网应用技术研究""车辆联网感知与智能驾驶服务关键技术及应用"等国家级课题 2）国内车联网技术创新力量开始大范围合作，如中国汽车工程学会牵头成立车联网技术创新技术联盟
2015 年后	智能网联概念阶段	国家明确我国智能网联汽车将从智能化和网联化两个方向发展的技术路线。智能网联汽车将成为智能交通系统的重要组成部分

2. 我国智能网联汽车发展现状

智能网联汽车（Intelligent Connected Vehicle，ICV）大致有四个发展阶段：自主式驾驶辅助、网联式驾驶辅助、人机共驾以及高度自动/无人驾驶。目前，自主式驾驶辅助系统已经开始大规模产业化，网联化技术的应用已经进入大规模测试和产业化前期准备阶段，人机共驾技术和无人驾驶技术还处于研发和小规模测试阶段。

（1）自主式驾驶辅助系统阶段　自主式驾驶辅助系统（Advanced Driver Assistance Systems，ADAS）是指依靠车载传感系统进行环境感知并对驾驶人进行驾驶操作辅助的系统（广义上也包括网联式驾驶辅助系统），目前已经得到大规模产业化发展，主要可分为预警系统与控制系统两类。

（2）网联式驾驶辅助系统阶段　网联式驾驶辅助系统是指依靠信息通信技术（Information Communication Technology，ICT）对车辆周边环境进行感知，并可对周围车辆未来运动进行预测，进而对驾驶人进行驾驶操作辅助的系统。通过现代通信与网络技术，汽车、道路、行人等交通参与者都已经不再是孤岛，而是成了智能交通系统中的信息节点。

（3）人机共驾阶段　人机共驾是指驾驶人和智能系统分享车辆控制权，人机一体化协同完成驾驶任务。与一般的驾驶辅助系统相比，共驾型智能汽车由于人机同为控制实体，双方受控对象交联耦合，状态转移相互制约，具有双环并行的控制结构，因此要求系统具备更高的智能化水平。系统不仅可以识别驾驶人的意图，实现行车决策的步调一致，而且能够增强驾驶人的操纵能力，减轻其操作负荷。

（4）高度自动/无人驾驶阶段　高度自动/无人驾驶是指驾驶人不需要介入车辆操作，车辆会自动完成所有工况下的自动驾驶。在高度自动驾驶阶段，车辆在遇到无法处理的驾驶工况时，会提示驾驶人是否接管，如驾驶人不接管，车辆会采取如靠边停车等保守处理模式，保证安全。在无人驾驶阶段，车辆中可能已没有驾驶人或乘客，无人驾驶系统需要处理所有驾驶工况，并保证安全。目前以谷歌为代表的互联网技术公司，其发展思路是跨越人机共驾阶段，直接推广高度自动/无人驾驶系统，而传统汽车企业大多数还是按照渐进式发展路线逐级发展。

1.3　智能网联汽车的内涵

2017年12月29日，我国工信部网站发布了由工信部、国家标准化管理委员会共同制定的《国家车联网产业标准体系建设指南》系列文件，对智能网联汽车标准体系框架做出了规定，其中基础类标准主要包括智能网联汽车术语和定义、分类和编码、标识和符号三类。

（1）术语和定义标准　用于统一智能网联汽车相关的基本概念，为各相关行业协调兼容奠定基础，同时为其他各部分标准的制定提供支撑。

（2）分类和编码标准　用于帮助各方统一认识和理解智能网联标准化的对象、边界以及各部分的层级关系和内在联系。

（3）标识和符号标准　用于对智能网联汽车中各类产品、技术和功能对象进行标识与解析，为人机界面的统一和简化奠定基础。

1.3.1 智能网联汽车相关术语及定义

与智能网联汽车相关的概念有智能汽车、无人驾驶汽车、车联网和智能交通系统等。

1. 智能网联汽车

智能网联汽车是一种跨技术、跨产业领域的新兴汽车体系，是近年来出现的一个新概念，各国对智能网联汽车的定义各有不同，我国对智能网联汽车做出如下定义：智能网联汽车是指搭载先进的车载传感器、控制器、执行器等装置，并融合现代通信与网络技术，实现车与 X（车、路、人、云端等）智能信息交换、共享，具备复杂环境感知、智能决策、协同控制等功能，可实现"安全、高效、舒适、节能"行驶，并最终可实现替代人来操作的新一代汽车，如图 1-5 所示。

图 1-5　智能网联汽车

2. 智能汽车

智能汽车是在一般的汽车上增加雷达、摄像头等先进传感器、控制器、执行器等装置，通过车载环境感知系统和信息终端实现与车、路、人等的信息交换，使车辆具备智能环境感知能力，能够自动分析车辆行驶的安全及危险状态，并按照人的意愿到达目的地，最终实现替代人来操作的目的。

智能汽车是智能交通的重要组成部分。智能汽车的初级阶段是具有先进驾驶辅助系统（Advanced Driver Assistance Systems，ADAS）的汽车，终极目标是无人驾驶汽车。

智能汽车与网络相连便成为智能网联汽车。

3. 无人驾驶汽车

无人驾驶汽车是指通过车载环境感知系统感知道路环境、自动规划和识别行车路线并控制车辆到达预定目标的智能汽车。它是利用环境感知系统来感知车辆周围环境，并根据感知所获得的道路状况、车辆位置和障碍物信息等，控制车辆的行驶方向和速度，从而使车辆能够安全、可靠地行驶在道路上。无人驾驶汽车是传感器、计算机、人工智能、无线通信、导航定位、模式识别、机器视觉、智能控制等多种先进技术融合的综合体。

无人驾驶汽车是汽车智能化、网络化的终极发展目标。

4. 车联网

车联网（Internet of Vehicle，IOV）是以车内网、车际网和车载移动互联网为基础，按照约定的体系架构及其通信协议和数据交互标准，实现 V2X（V 代表汽车，X 代表车、路、行人及应用平台等）无线通信和信息交换，以实现智能化交通管理、智能动态信息服务和车辆智能化控制的一体化网络，是物联网技术在智能交通系统领域的延伸（图 1-6）。

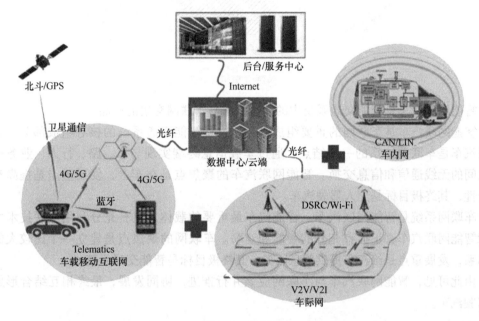

图 1-6　车联网

车内网是指通过应用成熟的总线技术建立一个标准化的整车网络，车际网是指基于特定无线局域网络的动态网络，而车载移动互联网则是指车载单元通过 4G/5G 等通信技术与互联网进行无线连接，三网融合是车联网的发展趋势。

车联网是智能交通系统与互联网技术发展的融合产物，是智能交通系统的重要组成部分，目前主要停留在导航系统、电话系统、娱乐系统、自检测系统等基础阶段，在信息安全和节能减排等方面还有待开发。

5. 智能交通系统

智能交通系统（Intelligent Traffic System，ITS）是未来交通系统的发展方向，它是将先进的信息技术、计算机处理技术、数据通信技术、传感器技术、电子控制技术、运筹学、人工智能等有效地集成并运用于整个地面交通管理系统而建立的一种在大范围内全方位发挥作用的实时、准确、高效的综合交通运输管理系统。

智能交通系统是随着车联网技术的发展而不断发展的，车联网的终极目标是智能交通系统。

6. 智能网联汽车相关术语的关系

从上文中可以发现，智能网联汽车、智能汽车、车联网、智能交通系统有着密切的相关性，它们之间的关系如图1-7所示。

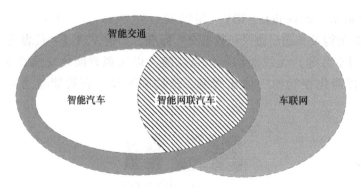

图1-7　智能网联汽车相关术语间的关系

智能网联汽车是智能交通系统中的智能汽车与车联网交集的产品。

智能网联汽车是车联网的重要组成部分，也是智能交通系统的核心组成部分。智能网联汽车是车联网体系的一个结点，通过车载信息终端实现与车、路、行人、业务平台等之间的无线通信和信息交换。智能网联汽车的聚焦点是在车上，发展重点是提高汽车安全性，其终极目标是无人驾驶汽车。

车联网系统是智能网联汽车、智能汽车最重要的载体，只有充分利用互联技术才能保障智能网联汽车真正拥有充分的智能和互联。车联网的聚焦点是建立一个比较大的交通体系，发展重点是给汽车提供信息服务，其终极目标是智能交通系统。

由此可见，智能网联汽车与车联网应该并行推进，协同发展，最终相互结合形成无人驾驶汽车。

1.3.2　智能网联汽车分类和编码

1. 智能网联汽车分类

目前，国家还未出台相关的文件明确指出智能网联汽车有哪些种类，智能网联汽车作为一种交通工具，既可以依据传统汽车分类，如从车的级别和用途进行划分，也可以从其本身进行分类。考虑到智能网联汽车作为一种未来汽车的发展方向，其自身具有一些新的特点，在此主要依据它的特点从以下几个角度进行考虑并划分。

（1）智能决策角度　依据智能决策方式的不同，可以将智能网联汽车分为基于专家系统进行决策的智能网联汽车、基于深度学习进行决策的智能网联汽车以及基于专家系统和深度学习相结合进行决策的智能网联汽车。通过专家系统和深度学习技术的应用，智能网联汽车不仅能做到预测、监视道路的情况，还可以实现基本的路径识别、行人识别、道路标识识别、信号灯识别、障碍物以及环境识别等。

（2）网联化角度　从汽车网联化的程度，可以将智能网联汽车分为自主驾驶智能汽车和网联驾驶智能汽车。相对自主驾驶智能汽车，网联驾驶智能汽车的网联化程度较高，在车与车、车与人、车与路之间可以进行更深入的信息交换。

（3）智能化角度　从汽车智能化的程度，可以将智能网联汽车分为辅助驾驶智能汽车和自动驾驶智能汽车。辅助驾驶智能汽车又可分为驾驶辅助（DA）智能汽车和部分自动驾驶（PA）智能汽车，自动驾驶智能汽车又分为有条件自动驾驶（CA）智能汽车、高度自动驾驶（HA）智能汽车和完全自动驾驶（FA）智能汽车。

2. 智能网联汽车编码

车辆识别码是制造厂为了识别每一辆车而指定的唯一一组字码，对车辆具有唯一识别性，因此可称为"汽车身份证"。例如：新能源汽车的车辆识别代号共 17 位字码，由三部分组成，见表 1-6，第一部分，世界制造厂识别代号（WMI）；第二部分，车辆说明部分（VDS）；第三部分，车辆指示部分（VIS）。

表 1-6　新能源电动汽车车辆识别号编码规则

世界制造厂识别代号（WMI）			车辆说明部分（VDS）						车辆指示部分（VIS）							
1	2	3	4	5	6	7	8	9	10	11	12	13	14	15	16	17
	制造厂		车辆类型	储能装置种类	驱动电动机峰值功率	最大总质量/车辆长度	驾驶室/车身类型	检验位	年份	生产线		制造厂			生产顺序号	

目前，有关智能网联汽车的特殊编码正在研究编制中，智能网联汽车作为汽车产业新的发展方向，必然会具有一些新的特点以与传统汽车、新能源汽车进行区分。

1.3.3　智能网联汽车标识和符号

汽车标识和符号是指汽车区别其他厂家的商标以及用以表明汽车的生产厂家、车型、发动机功率、载质量、发动机及整车的出厂编号等。它们的作用是便于销售者、使用者、维修人员、交通管理部门识别车辆的"身份"。目前智能网联汽车的研究和发展还处于初级阶段，因此，智能网联汽车的标识和符号正在研究制定当中。

1.4　智能网联汽车系统构成及功能

1.4.1　智能网联汽车系统构成

智能网联汽车是以汽车为主体，利用环境感知技术实现车辆有序安全行驶，通过无线通信网络等手段为用户提供多样化信息服务。智能网联汽车由环境感知层、智能决策层以及控制和执行层组成，如图 1-8 所示。

1. 环境感知层

环境感知层的主要功能是通过车载环境感知技术、卫星定位技术、4G/5G 及 V2X 无线通信技术等，实现对车辆自身属性和车辆外在属性（如道路、车辆和行人等）静、动态信息的提取和收集，并向智能决策层输送信息。

图 1-8　智能网联汽车结构层次

2. 智能决策层

智能决策层的主要功能是接收环境感知层的信息并进行融合，对道路、车辆、行人、交通标志和交通信号等进行识别，决策分析和判断车辆驾驶模式和将要执行的操作，并向控制和执行层输送指令。

3. 控制和执行层

控制和执行层的主要功能是按照智能决策层的指令，对车辆进行操作和协同控制，并为联网汽车提供道路交通信息、安全信息、娱乐信息、救援信息以及商务办公、网上消费等，保障汽车安全行驶和舒适驾驶。

1.4.2　智能网联汽车功能

从功能角度上讲，智能网联汽车与一般汽车相比，主要增加了环境感知与定位系统、无线通信系统、车载自组织网络系统和先进驾驶辅助系统等。

1. 环境感知与定位系统

环境感知与定位系统的主要功能是通过各种传感技术和定位技术感知车辆本身状况和车辆周围状况。传感器主要包括车轮转速传感器、加速度传感器、微机械陀螺仪、转向盘转角传感器、超声波传感器、激光雷达、毫米波雷达、视觉传感器等。通过这些传感器，感知车辆行驶速度、行驶方向、运动姿态、道路交通情况等。定位技术主要使用 GPS，我国北斗卫星导航系统发展也很快，是我国大力推广的位置定位系统。

2. 无线通信系统

无线通信系统的主要功能是实现各种数据和信息的传输，分为短距离无线通信技术和远距离无线通信技术。

短距离无线通信技术为车辆安全系统提供实时响应的保障，并为基于位置信息服务提供有效支持。用于智能网联汽车上的短距离无线通信技术还没有统一标准，处于起步阶段，但短距离无线通信技术在其他领域的应用比较广泛，如蓝牙技术、ZigBee 技术、Wi-Fi 技术、UWB 技术、60GHz 技术、IrDA 技术、RFID 技术、NFC 技术、专用短程通信技术等。

远距离无线通信技术用于提供即时的互联网接入，主要有移动通信技术、微波通信技术、卫星通信技术等，在智能网联汽车上的应用主要是 4G/5G 技术。

3. 车载自组织网络系统

车载自组织网络系统依靠短距离无线通信技术实现 V2X 之间的通信，它在一定通信范围内可以实现 V2V、V2I、V2P 等之间相互交换各自的信息，并自动连接建立起一个移动的网络。其典型应用包括车辆行驶安全预警、辅助驾驶、分布式交通信息发布以及基于通信的纵向车辆行驶控制等。

4. 先进驾驶辅助系统

先进驾驶辅助系统的主要功能是提前感知车辆状态及其周围环境情况，发现危险及时预警，保障车辆安全行驶，是防止交通事故的新一代前沿技术。先进驾驶辅助系统是智能网联汽车的重要组成部分，是无人驾驶汽车的关键技术。

1.5　智能网联汽车技术架构

智能网联汽车涉及汽车、信息通信、交通等多领域技术，其技术架构较为复杂，可划分为"三横两纵"式技术架构。"三横"包含车辆/设施、信息交互及基础支撑三大技术领域，"两纵"包含支撑智能网联汽车发展的车载平台以及基础设施条件。智能网联汽车的"三横"架构涉及的三个领域的关键技术可以细分为以下几种，如图 1-9 所示。

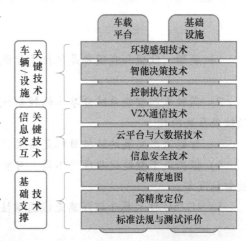

图 1-9　智能网联汽车"三横两纵"技术架构

1. 环境感知技术

环境感知技术包括利用机器视觉的图像识别技术、利用雷达（激光、毫米波、超声波）的周边障碍物检测技术、多源信息融合技术、传感器冗余设计技术等。

2. 智能决策技术

智能决策技术包括危险事态建模技术、危险预警与控制优先级划分、群体决策和协同技术、局部轨迹规划、驾驶人多样性影响分析等。

3. 控制执行技术

控制执行技术包括面向驱动/制动的纵向运动控制、面向转向的横向运动控制、基于驱动/制动/转向/悬架的底盘一体化控制、融合车联网（V2X）通信及车载传感器的多车队列协同和车路协同控制等。

4. V2X 通信技术

V2X 通信技术包括车辆专用通信系统、实现车间信息共享与协同控制的通信保障机制、移动自组织网络技术、多模式通信融合技术等。

5. 云平台与大数据技术

云平台与大数据技术包括智能网联汽车云平台架构与数据交互标准、云操作系统、数据高效存储和检索技术、大数据的关联分析和深度挖掘技术等。

6. 信息安全技术

信息安全技术包括汽车信息安全建模技术，数据存储、传输与应用三维度安全体系，汽车信息安全测试方法，信息安全漏洞应急响应机制等。

7. 高精度地图与高精度定位技术

高精度地图与高精度定位技术包括高精度地图数据模型与采集式样、交换格式和物理存储的标准化技术、基于北斗地基增强的高精度定位技术、多源辅助定位技术等。

8. 标准法规和测试评价

标准法规包括智能网联汽车整体标准体系以及涉及汽车、交通、通信等各领域的关键技术标准。测试评价包括智能网联汽车测试评价方法与测试环境建设。

习　题

1. 判断题

1）美国、欧盟和我国都是依托于智能交通系统的发展来开展智能网联汽车的研究。
（　　）

2）驾驶人和智能系统分享车辆控制权，人机一体化协同完成驾驶任务属于自主式驾驶辅助系统阶段。
（　　）

3）智能汽车发展的终极目标是实现无人驾驶。
（　　）

4）根据汽车智能化程度的不同，可将智能网联汽车分为辅助驾驶智能汽车和自动驾驶智能汽车。
（　　）

5）4G/5G 技术属于短距离无线通信技术。
（　　）

2. 选择题

1）在下列选项中，哪项不是未来汽车的发展方向？（　　　）

A. 智能化　　　　B. 低碳化　　　　C. 大数据化　　　　D. 信息化

2）我国智能网联汽车发展大致会经过（　　）个发展阶段。

A. 3　　　　　　　B. 4　　　　　　　C. 5　　　　　　　D. 6

3）现有一辆新能源汽车车辆识别代码，若想知道该车是什么车辆类型，应该看以下哪一部分？（　　）

A. 车辆指示部分　　　　　　　　　　B. 世界制造厂识别代码

C. 车辆说明部分　　　　　　　　　　D. 以上都不正确

4）下列哪项属于智能网联汽车智能决策层？（　　）

A. 协同控制　　　　B. 行人识别　　　　C. 安全预警控制　　　D. 摄像雷达

5）智能网联汽车技术架构可分为三横两纵，下列哪项不属于三横？（　　）

A. 车载平台技术　　B. 车辆/设施技术　　C. 基础支撑技术　　D. 信息交互技术

3. 思考题

1）智能网联汽车具有哪些功能？

2）谈到智能网联汽车，能联想到几个相关的术语？试着谈一下它们之间的联系。

3）汽车技术发展三大趋势之间有什么联系？

第2章

车联网与智能汽车

导读

　　本章首先提出车联网的基本概念，并进行阐述，之后从关键技术层分析车联网的基本构架，从应用层分析车联网的实现手段。在了解了什么是车联网之后，从汽车本身出发，分析什么样的汽车能够称之为智能汽车、车联网与智能汽车之间又有着怎样的必然联系。通过不断的分析解读，达到掌握车联网与智能汽车相关知识的目的。

本章知识点：

- 车联网的基本知识
- 车联网的实现手段
- 智能汽车的预警系统

2.1　车联网的基本知识

　　伴随人类发展的历程，城市人口在增长，城市规模也在迅速扩张。城市交通压力面临着诸多方面的挑战，概括起来主要来自三个方面：能源消耗、尾气排放、安全及拥堵。未来汽车的发展将着力于新能源技术、车联网技术与智慧交通技术的发展。车联网技术的发展将是缓解资源环境压力的重要技术保障。

　　车联网技术通过收集车辆信息、处理信息以及共享信息，将车与车、车与路上行人和自行车以及城市网络可以相互联结，以实现更加安全、更加智能、更加便捷的驾驶，进而解决交通安全、交通环境污染、交通运输效率、合理分配交通资源等一系列问题。

　　通过车联网技术，汽车具备高度智能的车载信息系统，与城市交通信息网络、智能电网、社区信息网络联结时，便可以随时随地获取即时资讯，依据资讯规划出正确的出行决策。未来的车联网时代，能通过车与车通信交流技术、传感器技术，感知周边环境并能进行信息交互，实现行人探测、3D智能导航、无人驾驶、自动制动以及紧急停车等智能功能。

2.1.1　车联网的概念

车联网概念引申自物联网（Internet of Things），根据行业背景不同，对车联网的定义也不尽相同。传统的车联网定义是指装载在车辆上的电子标签通过无线射频等识别技术，实现在信息网络平台上对所有车辆的属性信息和静、动态信息进行提取和有效利用，并根据不同的功能需求对所有车辆的运行状态进行有效的监管和提供综合服务的系统。

随着车联网技术与产业的发展，上述定义已经不能涵盖车联网的全部内容。根据车联网产业技术创新战略联盟的定义，车联网是以车内网、车际网和车载移动互联网为基础，按照约定的通信协议和数据交互标准，在车-X（X 是指车、路、行人及互联网等）之间，进行无线通信和信息交换的大系统网络，即车与车、车与路、车与人、车与传感设备的交互，实现车辆与周边公众网络通信的动态通信系统，如图 2-1 所示。车联网技术能够实现智能化交通管理、智能动态信息服务和车辆智能化控制，是物联网技术在交通系统领域的典型应用，如车辆引导、监管等。

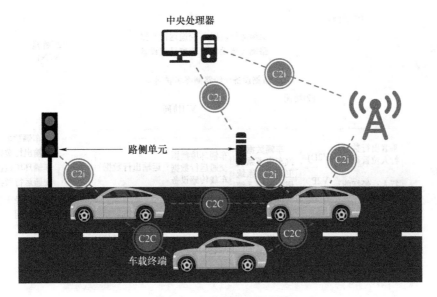

图 2-1　车联网技术示意图

2.1.2　车联网的通信方式

车联网有两种基本的通信方式：**V2X 协同通信**和**蜂窝移动通信**。

V2X 协同通信是车辆与车辆、行人和路侧设备之间进行数据和信息交换的通信方式。V2X 协同通信有四种应用场景：车-车（Vehicle-to-Vehicle，V2V）、车-路（Vehicle-to-Infrastructure，V2I）、车-人（Vehicle-to-Pedestrian，V2P）和人-路（Pedestrian-to-Infrastructure，P2I）协同通信。

蜂窝移动通信是云平台与车辆和路侧设备进行数据和信息传输的通信方式，蜂窝移动通信有三种应用场景：一是车云通信（Vehicle-to-Cloud，V2C）或叫车网通信（Vehicle-to-Network，V2N）；二是路云通信（Infrastructure-to-Cloud，I2C），除了蜂窝移动通信，也可以用互联网等其他固定网络通信；三是**人云通信**（Pedestrian-to-Cloud，P2C），是智能手机与平台的通信。

2.1.3　车联网的体系架构

车联网的体系架构如图2-2所示。它分成三个层次：一层是**行人与车辆**，二层是**路侧设备**，三层是**云平台**。

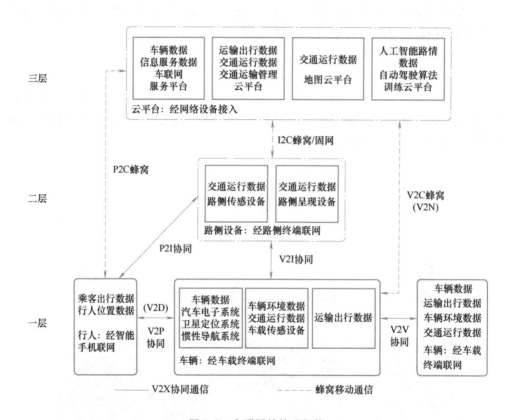

图2-2　车联网的体系架构

一层行人和车辆是感知数据的主要来源，负责采集与获取车辆的智能信息，感知行车状态与环境；是具有车内通信、车间通信、车网通信的通信终端；同时让汽车具备IOV寻址和网络可信标识能力的设备。在应用方面包括汽车电子控制系统、卫星定位系统、惯性导航系统感知的车辆数据、车载传感设备感知的车辆环境数据（道路基础设施与道路目标物）、交通运行数据（交通管理与交通运行情况）和人工智能路情数据等。

二层路侧设备一般部署在路侧，包括路侧呈现设备与路侧传感设备。对于特别的交通情况，路侧设备也可以是移动设备或手持设备。路侧设备是一层与三层之间的中间层，起到承上启下的作用。路侧传感设备也可用于感知交通运行数据，目的是解决车与车（V2V）、车与路（V2R）、车与网（V2I）、车与人（V2H）等的互联互通（图2-3），实现车辆自组网及多种异构网络之间的通信与漫游，在功能和性能上保障实时性、可服务性与网络泛在性，同时它是公网与专网的统一体。

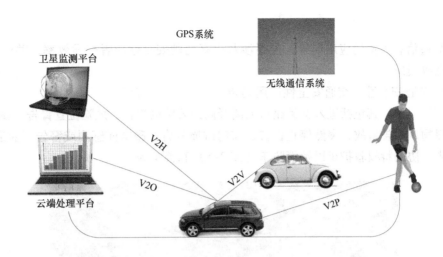

图 2-3　车联网构成体系示意图

三层云平台用于收集、存储、处理、共享与发布车辆与交通数据信息。云平台包括车联网服务平台（包括车载信息服务平台和车辆大数据信息服务平台）、交通运输管理云平台、地图云平台和自动驾驶算法训练云平台。其应用系统也是围绕车辆的数据汇聚、计算、调度、监控、管理与应用的复合体系。

为了确保数据和信息交换，车、路、行人和云平台需要有通信终端设备。行人的通信终端是个人的智能手机，平台的通信设备是平台的网络接入设备，汽车使用车载终端，路侧设备使用路侧终端。

2.2　车联网的实现手段

车联网是使用无线通信、传感探测等技术，收集车辆、道路、环境等信息，通过车与车（V2V）、车路通信（V2I）、车与人的通信（V2P）、车与互联网的通信（V2N）、车与路侧设备的通信（V2R）等的互联互通，使车和基础设施之间智能协同与配合，并通过智能网联技术实现智能交通管理控制、车辆智能化控制和智能动态信息服务的一体化网络。

2.2.1　V2V 智能网联技术

V2V（Vehicle-to-Vehicle）是一种智能网联技术，它的原理是利用每辆车上所搭载的传输单元以每秒 10 次为单位通过高速无线网络发出信号，这些信息包括车辆当时的车速、方向、地理位置、路线等，实现车与车之间的交流。

1. V2V 智能网联技术的工作方式

V2V 是指通过每辆车实时共享的信息，系统可以全面地获取和分析信息，并非常迅速地做出反应，避免危险的发生。例如跟车行驶时，当前车因突发情况紧急制动的瞬间，该车辆也将同时发出紧急制动信号告知周围车辆，当后方车辆收到紧急制动信号后，会及时制动或变道，避免追尾事故发生。

2. V2V 智能网联技术典型应用

V2V 通信有大量的应用场景，主要涉及提高驾驶安全性或者交通效率，并向驾驶人提供信息或娱乐。

（1）交通安全性　交通安全性应用是指当车辆进入特定的工作场景时存在安全问题的情况下的应用。其包括进入交叉路口或离开高速公路的警告、危险位置警告（图 2-4）、发现障碍物、报告事故、突然停止警告、前向碰撞警告、碰撞前感测或警告、变道警告、保持警告、协助特权救护车以及消防车（图 2-5）和警车等。

图 2-4　危险位置警告

图 2-5　特权消防车

（2）交通效率　交通效率应用是为了通过向运输网络的所有者或网络上的驾驶人提供信息来提高运输网络的效率，加强路线指导和导航。一般应用于智能交叉口的自适应交通灯、自动交通路口控制、绿灯最优速度信息等。

（3）其他系统　V2V 通信系统可以支持当前可用的驾驶人辅助系统。在广播车辆参数的帮助下，可以改善自适应巡航控制和停车导航功能。

除此之外，V2V 还被广泛地应用到了警务和执法领域。警方在执法过程中可以利用V2V 通信系统对相关车辆进行监视（例如发现被盗车辆）、测量速度等。

2.2.2　V2I 智能网联技术

V2I（Vehicle-to-Infrastructure）也称为车路协同系统，是基于无线通信、传感探测等技术进行车路信息获取，通过车-车、车-路信息交互共享，实现车辆和基础设施智能协同配合的系统技术。

车路协同系统一般由车载单元（On Board Unit，OBU）、路旁部署的路侧单元（Road-Side Unit，RSU）、互联网上的控制或服务中心、个人携带设备，以及专用短距离无线通信协议等部分组成。

1. V2I 智能网联技术的工作方式

当车辆在行驶过程中，道路基础设施通过移动通信模块从云端实时获取信息，并通过车载自组织网络向其覆盖区域的车辆广播，车辆上的车载终端接收到广播信息后进行解包处理。例如，收到天气信息、交通信号信息、弯道速度提醒、超速提醒，以及其他车辆的行驶状况等信息时，以声音的方式通知驾驶人减速缓行，注意道路交通安全，避免由于天气及速度等原因引起的交通安全风险。收到实时交通信息后，结合车载导航软件，动态规划行车路径，避开拥堵路段。

同时，道路基础设施收集所接入车辆的行驶方向、速度、位置等信息，并将汇集的路况数据实时传输到云端交通信息中心，由交通信息中心进行分析、加工、处理，形成实时交通信息，再返回给道路基础设施。

2. V2I 智能网联技术典型应用

车路通信的另外一个典型应用场景为不停车收费系统（ETC），其工作原理如下：

用户先要预交通行费或设立付费账户，将交费或账户信息存入车载终端，并完成车载终端的安装。道路基础设施通过网络接到云端收费管理系统，收费管理系统根据收费标准和账户信息的变化不定期给道路基础设施推送收费标准和账户异常信息。

当车辆进入收费站时，按规定车速进入不停车收费通道，道路基础设施通过无线通信与车载终端进行通信，道路基础设施读取车载终端中的车辆信息和车型信息，计算通行费用，如果车主的专用账户正常，则道路基础设施自动从账户中记录本次通行费用，并控制收费通道的电子栏杆，实现车辆的放行。

每次收费操作完成后，道路基础设施将收费操作的相关信息通过网络传输到收费管理系统。收费管理系统对预交费车辆的费用信息进行分析汇总，并生成相应的报告。对于设立付费账户的车辆，收费管理系统将费用信息汇总后生成转账清单向金融机构请求支付。

当安装有车载终端的车辆在车道上行驶时，车辆与道路基础设施之间建立车载自组织网络，此时道路基础设施获取交通信息、天气信息等。如在收费闸口，道路基础设施可识别通过的车辆，实现停车不收费。

除上述典型功能外，路侧单元还可以实现路标识别功能，为驾驶人的驾驶提供可靠保证。例如，为驾驶人提供桥梁、隧道高度或者门宽度的数据，从而达到保证驾驶人和车辆安全的要求。

2.2.3　V2P 智能网联技术

V2P（Vehicle to Pedestrian）是指车与人的互动连接，主要是汽车和人之间通过软件或者语音等智能手段来实现人机交互。V2P 技术利用智能手机与周围车辆的协作通信（Cooperative Communication）进行检测工作，并能够同时向驾驶人和行人发出视觉和听觉警报。

1. V2P 智能网联技术的工作方式

V2P 系统利用行人智能手机的 GPS 导航应用，与周围车辆在 5.9GHz 的短程通信频带进行信息交流，通过实时信息交流获取信息得知是否行人与车辆会发生碰撞。V2P 系统主要用于检测驾驶人视线无法波及的情景，例如一辆车后或路边突然窜出的行人。

智能手机用于检测行人位置、方向、速度，并通过短波通信技术，获取周围车辆的位置、方向及速度，若系统计算后认为两者或多者保持原有状态继续运动会发生碰撞，则会在手机屏幕上弹出警告消息。

当手机一段时间不移动位置（例如放在家中）时，将进入待定模式，一旦其位置发生改变，短波通信模块将完全激活。这项功能设置的目的是节省不必要的通信带来的能量消耗。

V2P 系统是双向的。因此，在行人方的智能手机应用检测到危险时，相应的驾驶人也会在车内抬头显示器以及导航显示屏中收到视觉或听觉警报。除了基本的警报以外，驾驶人还可以获取更细节的信息，例如该行人是否在听音乐、发短信或打电话。

2. V2P 智能网联技术典型应用

通过智能手机和穿戴设备中的 V2P 技术，行人可以与汽车共享数据。除了共享位置信息外，行人的设备还可以提醒驾驶人，例如他们需要更多时间过马路。这项技术可以保证行动不便或者行走缓慢的行人的人身安全。

2.2.4　V2N 智能网联技术

V2N（Vehicle to Network）即车辆与互联网相连接，也就是车与互联网通信，能够让车辆通过移动网络与云平台相连，进而能够实现移动支付、购物、移动办公、地图更新、环境感知等功能。

1. V2N 智能网联技术的工作方式

车辆在行驶的过程中，除了可以利用车辆自身的雷达、摄像头等传感器检测周围环境，还可以通过路旁部署的网络接入设施，将云平台附近其他车辆检测上传的环境信息以及附近路侧单元检测的环境信息传输给车载单元，为智能网联汽车行驶路径规划以及决策规划和底层控制等提供帮助，从而保障了车辆的行驶安全性。

2. V2N 智能网联技术典型应用

车辆还可以通过与互联网连接，实现信息、娱乐、预约、应急、商务办公等服务。其中信息服务包括车辆的状态信息、路况信息、交通信息、导航信息、定位信息、地图更新、车载软件更新等；娱乐服务包括音乐、电影和游戏等；预约服务包括车辆保养预约、机票预约、住宿预约等；应急服务包括道路救援、消防、保险等；商务办公包括文件传输、视频会议、收发电子邮件等。

2.2.5　V2R 智能网联技术

V2R（Vehicle to Roadside Unit，车对路侧单元）通信方式，通过卫星、无线通信网络、4G/5G 等技术对道路中的车辆和路况信息进行感知，通过对整个交通系统的全面监控，服务于人车位置信息，同时提供安全紧急信息服务和娱乐信息服务等，以确保用户在出行时达到安全、娱乐体验一体化。

R 代表路侧单元（Roadside Unit，RSU），具有数据存储和运算能力及网关功能，是能够采用 DSRC（Dedicated Short Range Communications，专用短程通信）技术直接与车辆中的车载单元（On Board Unit，OBU）进行信息交互的无线收发装置，可以独立地部署于道路两旁，用于大面积传感与通信。RSU 不仅可以通过无线网络与车辆进行通信，还可以接入互联网，扩展车联网的应用服务，在车载网中占有很重要的地位。

1. V2R 智能网联技术的工作方式

V2R 通信强调的是移动车辆与固定 RSU 间的通信，车辆与固定 RSU 间的通信方式有两种，分别是单跳和多跳，二者之间是可以根据需求进行自主切换的。当车辆位于固定 RSU 覆盖范围内时，可以直接与固定的 RSU 通信，并通过固定 RSU 接入网络，此时选用的是单挑的通信方式。车辆离开 RSU 覆盖范围时，该车辆可以将其覆盖范围内的车辆当作中继车辆，通过多跳通信保持与 RSU 的连接。V2R 通信的主要特点是：路侧单元只在其覆盖范围内进行广播；车辆与路侧单元间只需进行一跳便可完成数据传输，减少消息转发次数，并简化消息确认机制，起到了增加网络吞吐量的作用；路侧单元可以快速、准确地探测道路、车辆与交通灯，并对这些信息进行过滤、处理、排序、预测，再发送给其他车辆。

2. V2R 智能网联技术典型应用

V2R 一般应用两种场景，分别是高速公路和城市道路。其中高速公路是最先开始应用的，而城市道路是在高速公路的基础上增加了标志的识别功能，实现了较复杂的数据判断和数据通信。

高速公路上的 V2R 相对来说比较容易。首先是标志明确，没有人行横道、交通信号灯等复杂路况因素的影响，只需要识别高速公路中与车辆行驶和高速公路出入口标志等就可以了。其次是高精地图已经提前布局高速公路。高精地图能够精确到厘米级，对于车辆的路线规划和自动驾驶有着很大的帮助。有了高精地图的支撑，V2R 的交互就会相对变少，处理起来也更加方便。图 2-6 所示为 V2R 智能网联技术应用示意图。

而对于城市道路来说，需要处理的信息就要更多一些，这也就要求车辆采集的信息更多，处理能力更强，同时对于 V2I 和 V2P 都有关联，是实现自动驾驶最困难的障碍。

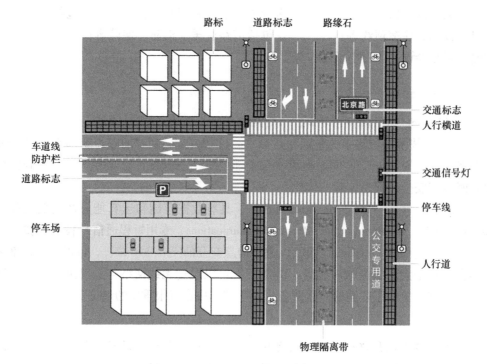

图 2-6　V2R 智能网联技术应用示意图

2.3　智能汽车的预警系统

智能汽车预警系统，是利用安装在车上的各式各样传感器（摄像头、雷达、激光和超声波），在汽车行驶过程中随时来感应周围的环境，收集数据（探测光、热、压力或其他用于监测汽车状态的变量），进行静、动态物体的辨识、侦测与追踪，并结合导航仪地图数据，进行系统的运算与分析，从而预先让驾驶人察觉到可能发生的危险，有效增加汽车驾驶的舒适性和安全性的主动安全技术。预警系统主要以被动式报警为主，当车辆检测到潜在危险时，会发出警报提醒驾驶人注意异常的车辆或道路情况。

典型的智能汽车预警系统包括：

（1）前向碰撞预警（FCW）　前向碰撞预警（Forward Collision Warning，FCW）系统是通过自动感应探测前方障碍物，计算车辆在行驶过程中与前车的距离，测算出发生碰撞的可能性，如有潜在的碰撞危险，并立即发出警示，给驾驶人更多的反应时间。除此之外，FCW 还能够启动自动干预制动功能，通过警告信号和制动干预协助驾驶人避免追尾事故。一般 FCW 功能从 5km/h 速度开始启动。

（2）车道偏离预警（LDW）　车道偏离预警（Lane Departure Warning，LDW）系统是一种通过报警或振动等方式提醒驾驶人，减少汽车因车道偏离而发生交通事故的系统，如图 2-7 所示。该系统通过视觉传感器（摄像头）检测汽车在车道标线之间的位置，如果未使用变道信号而汽车越过车道标线，该系统就会通过发出警告，提示驾驶人回到本车道内，减少因汽车偏离车道引起的危险。一般 LDW 功能从 60km/h 速度开始启动。

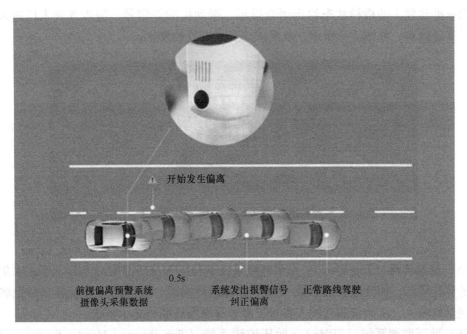

图 2-7 车道偏离预警系统

（3）盲区预警（BSD） 由于汽车后视镜本身存在视觉盲区，如图 2-8 所示，导致驾驶人无法及时、准确地获知盲区内车辆的动向，因此，车辆在并线时产生碰撞便成为常见的交通事故。

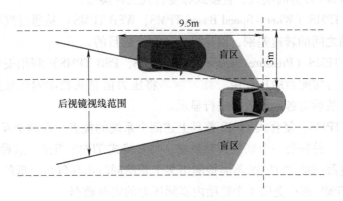

图 2-8 汽车后视镜盲区范围

盲区预警（Blind Spot Detection，BSD）系统也称为汽车并线辅助系统，它通过车载传感器监测处于两外后视镜视觉盲区侧后方和相邻车道后方移动的物体（如汽车、摩托车、行人等），当有移动物体接近本车时，盲区预警系统根据危险和紧急程度实时发出声、光等信号，实现对驾驶视野盲区内物体进行视觉报警以及帮助驾驶人评估视野盲区内的危险级别，提高行车安全。

（4）疲劳驾驶预警系统（DMS） 疲劳驾驶预警系统（Driver Fatigue Monitor System，DMS）是一种基于驾驶人生理反应特征的驾驶人疲劳监测预警产品。疲劳驾驶预警系统也称为防疲劳预警系统或疲劳识别系统，是指驾驶人精神状态下滑或进入浅层睡眠时，系统会依据驾驶人的精神状态给出语音提示、振动提醒等信号，警告驾驶人已进入疲劳状态，需要休息，如图 2-9 所示，从而减少交通事故的发生。

图 2-9　驾驶人疲劳预警提示

（5）全景环视（Top View）　全景环视系统是利用车身周围的摄像头传感器采集车身周围的环境画面，并经处理后形成一张车身鸟瞰环视图，最后通过显示屏实时地将环视图呈现给驾驶人，从而帮助驾驶人实时了解车身周围环境的显示系统。

（6）胎压监测系统（TPMS）　胎压监测系统（Tire Pressure Monitor System，TPMS）是在每个轮胎上安装灵敏度高的传感器，在行车状态下对汽车胎压、温度等进行动态监测，并通过传感器、智能单片机以无线方式发射到接收器，让驾驶人能随时掌握胎压和温度状况，在出现危险状况时发出警报，从而有效预防爆胎，是保障行驶安全的高科技产品。目前，TPMS 分为间接式、直接式和复合式三种类型。

1）间接式 TPMS（Wheel-Speed Based TPMS，WSB TPMS）是通过汽车 ABS 的轮速传感器来比较轮胎之间的转速差别，以达到监测胎压的目的。

2）直接式 TPMS（Pressure-Sensor Based TPMS，PSB TPMS）利用安装在每个轮胎里的压力传感器来直接测量胎压，由无线发射器将压力信息从轮胎内部发送到中央接收器模块上的系统，然后对各胎压数据进行显示。

3）复合式 TPMS。复合式 TPMS 兼具上述两个系统的优点，在两个互成对角的轮胎内安装直接传感器，并安装一个四轮间接系统。与直接式 TPMS 相比，这种复合式 TPMS 可以降低成本，克服间接式 TPMS 不能检测出多个轮胎同时出现气压过低的缺点，但它仍然不能像直接式 TPMS 那样提供 4 个轮胎内实际压力的实时数据。

习　题

1. 判断题

1）车-X 中的 X 是指车、路、行人及互联网。　　　　　　　　　　　　　　　（　　）

2）路侧传感设备也可用于感知交通运行数据。　　　　　　　　　　　　　　　（　　）

3）FCW 功能是在车辆速度达到 60km/h 时启动。　　　　　　　　　　　　　（　　）

4）V2R 有两种应用场景，第一种是高速公路，第二种是城市道路。　　　　　（　　）

5）V2P 系统是双向的。除了基本的警报以外，驾驶人还可以获取更细节的信息，如

该行人是否在听音乐、发短信或打电话。 （　　）

6）应用层承担着车辆自身与道路交通信息的全面感知和采集任务。 （　　）

2. 选择题

1）V2N 中的"N"指的是什么？（　　）

A. 车 　　　　　　 B. 路侧传感设备 　　 C. 互联网 　　　　　　 D. 道路

2）车联网现在的基本通信方式有蜂窝移动通信和（　　）。

A. V2X 协同通信 　　 B. GPRS 　　　　　 C. 蓝牙 　　　　　　 D. UWB

3）下列选项中不属于智能汽车预警系统的功能的是（　　）。

A. 前向碰撞预警 　　　　　　　　　　　 B. 车道偏离预警

C. 胎压监测 　　　　　　　　　　　　　 D. 自动报警

3. 思考题

1）请简述车联网的优势。

2）请说出车联网与物联网及智能交通的关系。

3）请简述车联网的体系架构及每个架构的作用。

4）请简述 V2I 智能网联技术的工作方式。

5）请查找资料，收集目前已经实现的车联网技术。

第3章

智能网联汽车通信技术

> **导读**
>
> 　　本章节首先介绍了智能网联汽车通信技术概述和分类，让学习者对智能网联汽车有一个初步认知，再在此基础上分析出车辆的智能网联是通过哪些端口实现的，最后了解智能网联技术在车上的应用。通过浅入深出的方式，达到掌握智能网联汽车通信技术的实现方式及典型应用。
>
> **本章知识点：**
> - 智能网联汽车通信技术概述
> - 智能网联汽车通信技术分类
> - 智能网联汽车通信交互终端
> - 智能网联汽车通信典型技术

3.1　智能网联汽车通信技术概述

　　与传统汽车相比的智能网联汽车通信主要就是指车-车通信（V2V）和车-路通信（V2I）。让汽车联网化，是智能网联汽车的原动力。智能网联汽车的初始需求就是由汽车安全行驶的核心需要推动的，智能网联汽车需要汽车通信来实现其车内系统联网和提高行驶安全，汽车通信也是智能网联汽车的核心竞争力之一。

　　当前智能网联汽车通信主要指的是汽车自组网技术，目前主要有两大技术：DSRC VANET 专用短程通信汽车自组网技术和 LTE-V 汽车自组网技术（蜂窝网络辅助的 LTE Direct 技术）

　　智能网联汽车通信的主要产品有基于 DSRC VANET 和 LTE-V 技术的 V2V 车-车通信设备和 V2I 车-路通信设备的通信模块、车载单元（前装车基）和路侧单元（路侧基站）等。

　　随着汽车电子技术的发展，汽车上已安装有上百个传感器以及几十个微处理器等电子器件，这些电子器件之间需实时通信，以保证车上信息与控制系统的良好，从而确保车辆的安全性和舒适性。智能网联汽车还增加了 V2X 通信以及汽车自组网等通信技术。这些通信技术按通信传输媒介可分为有线和无线。有线通信是以传输线缆作为传输介质，包括电缆和光纤；无线通信是以自由电波在自由空间传播信息，包括微波、卫星等。其中，光纤通信和无线通信未来在车辆上的应用会越来越广。

3.1.1　光纤通信

光纤通信是利用光波作为载波，以光纤作为传输媒质将信息从一处传至另一处的通信方式，被称之为"有线"光通信。当今，光纤以其传输频带宽、抗干扰性强和信号衰减小，而远优于电缆、微波通信的传输，已成为世界通信中的主要传输方式。

1. 光纤通信组成

光纤通信是利用光作为信息载体，以光纤作为传输媒介的通信方式。通常由三个大系统组成，分别是发送单元、传输单元和接收单元，如图 3-1 所示。

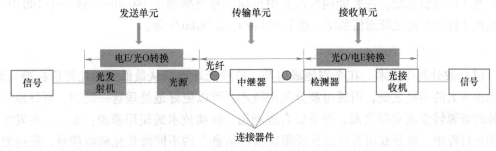

图 3-1　光纤通信组成

（1）发送单元　发送单元用来把电信号转化成光信号，包括光发射机和光源。光发射机负责提供光源；光源是光发送部分的"心脏"，是实现光纤通信的重要器件之一。为了满足光纤通信系统对光源的要求，目前广泛使用的光源有半导体发光二极管和半导体激光器。

（2）传输单元　传输单元是载送光信号的介质，包括光纤和中继器。光纤是由玻璃或塑料制成的纤维，可作为光传导工具，传输原理是光的全反射。中继器是连接网络线路的一种装置，用于两个网络节点之间物理信号的双向转发工作，包括无线中继器和光中继器等类型。由于光纤的衰减，数字光脉冲信号一次传输距离有限。当数字段长度超过一次光信号传输限度时，中间设置光再生中继站，使用中继器把来自光纤线路上的微弱光信号恢复成较强的光数字信号，再输入光纤线路继续往前传输，以延长通信距离。

（3）接收单元　接收单元负责接收光信号并转换成电信号，包括检测器和光接收机。检测器在光通信系统中，将光纤输出的光信号转换为电信号的光电子器件。光接收机的主要作用是检测经过传输的微弱光信号，并放大、整形、再生成原传输信号。

（4）连接器件　连接器件是指连接光纤到光源、光检测器以及其他光纤的连接部件。

2. 光纤通信分类

光纤通信系统可以按照以下几种类型进行分类：

（1）按波长分类　按照波长可以将光纤通信分为短波长光纤通信系统、长波长光纤通信系统和超长波长光纤通信系统。

（2）按光纤的模式分类　按照光纤模式可以将光纤通信分为多模光纤通信系统和单模光纤通信系统。多模光纤通信系统采用石英多模梯度光纤作为传输线路，因传输频率受限制，一般应用于140Mbit/s以下的系统。单模光纤通信系统，采用石英单模光纤作为传输线，传输容量大，距离长。目前建设的光纤通信系统都是单模光纤通信系统，只能传输一种模式的光。

（3）按传输信号的类型分类　按照传输信号的类型可以将光纤通信分为光纤模拟通信系统和光纤数字通信系统。光纤模拟通信系统是利用光纤载送光模拟信息实现通信的系统；光纤数字通信系统是以光纤作为传输介质传送数字信息的通信系统。

（4）按传输的速率分类　按照传输的速率可以分为低速光纤通信系统和高速光纤通信系统。低速光纤通信系统，一般传输信号速率为2Mbit/s或8Mbit/s。高速光纤通信系统在不同类型汽车中界定不完全一样，在传统汽车中传输信号速率为34Mbit/s一般界定为高速光纤通信系统，在智能网联汽车中传输信号速率等于140Mbit/s或高于140Mbit/s的系统才称为高速光纤通信系统，如1.5Gbit/s、2.5Gbit/s等。

3. 光纤通信关键技术

（1）波分复用技术　在个别地域内部，单模光纤通信从最低的消耗评价标准出发，表现出很大的不足之处，而通过波分复用技术，可以更好地处理这一问题，更好地将消耗掉的资源转变成宽带资源，并予以合理利用。该项技术的使用原理：第一，在发射端的使用过程中，波分复用器可以分析得出所有信息中的不同波长光载波信号，通过复用器来耦合不同的光载波信号，使其能够以40～100Mbit/s的速率从一根光纤中完成传递；第二，在接收端收集各波长的光载波信号，运用波分复合器、收光机，对所收集到的信息数据进行有效分析。通过波分复用技术的有效使用，可以在满足高速率、大容量、长中继距离要求的同时，最大限度地提高光纤的传输总量，实现成本经济的有效控制。

（2）光源波长稳定技术　光源波长稳定技术是在波分复用通信的基础上进行优化设计的，其目的是有效地控制信道间信号的产生与其对彼此的作用。该项技术的应用需要满足较窄工作线宽、较高稳定性光源波长的条件，因此产生了光源波长稳定技术的应用与发展。光源波长稳定技术充分利用波长和温度反馈手段来实现各方面的发展，从而确保系统功能的正常、高效运转。

（3）EDFA（掺铒光纤放大器）　为了优化与改善波分复用技术手段，达到提高或者延长波分复用光纤通信的速率、容量、距离的目的，故制造出了EDFA（掺铒光纤放大器）。EDFA的正常运转包括三个重要部分：第一，分析前端发射设备的输出光；第二，有效配置各个方向的光纤传递；第三，完成EDFA的有效连接，提高线路放大器所能发挥的能力水平，实现各类损耗的有效弥补。现阶段，EDFA所具备的作用将使其在光纤通信方面起到有效的作用。

4. 光纤通信特点

（1）光纤通信的优点

1）频带极宽，通信容量大。光纤比铜线或电缆有大得多的传输带宽，光纤通信系统具有光源的调制特性、调制方式和光纤的色散特性。对于单波长光纤通信系统，由于终端设备的电子瓶颈效应而不能发挥光纤带宽大的优势。通常采用各种复杂技术来增加传输的容量，特别是现在的密集波分复用技术极大地增加了光纤的传输容量。目前，单波长光纤通信系统的传输速率一般为 $2.5 \sim 10 \mathrm{Gbit/s}$。

2）损耗低，中继距离长。目前，商品石英光纤损耗可低于 $0 \sim 20 \mathrm{dB/km}$，这样的传输损耗比其他任何传输介质的损耗都低；若将来采用非石英系统极低损耗光纤，其理论分析损耗可下降得更低。这意味着通过光纤通信系统可以跨越更大的中继距离；对于一个长途传输线路，由于中继站数目的减少，系统成本和复杂性可大大降低。

3）抗电磁干扰能力强。光纤原材料是由石英制成的绝缘体材料，不易被腐蚀，而且绝缘性好。与之相联系的一个重要特性是光波导对电磁干扰的免疫力，它不受自然界的雷电干扰、电离层的变化和太阳黑子活动的干扰，也不受人为释放的电磁干扰，还可用它与高压电线平行架设或与电力导体复合构成复合光缆。

4）无串音干扰，保密性好。在电波传输的过程中，电磁波的泄漏会造成各传输通道的串扰，而容易被窃听，保密性差。光纤通信恰好弥补了这一不足，因为光波在通过光纤进行传输时，光信号被限制在了光波导中，任何泄露的射线都被环绕光纤的不透明外皮所吸收，即使在弯曲处漏出的光波也非常微弱。就保密性来说，虽然光缆内光纤总数很多，但相邻的信道不会出现串音干扰，同时在光缆外面，也无法窃听到光纤中传输的信息，所以保密性得到保证。

除以上优点之外，还有光纤径细、重量轻、柔软、易于铺设，光纤的原材料资源丰富，成本低，温度稳定性好、寿命长等。由于光纤通信具有以上的独特优点，它不仅可以应用在通信的主干线路中，还可以应用在电力通信控制系统中，进行工业监测、控制，而且在军事领域的用途也越来越广泛。

（2）光纤通信的缺点　光纤也如同其他事物，具有两面性，光纤本身同样存在缺点：

1）光纤质地脆，即使对光纤垂直方向施加压力，也会造成光纤的断裂。

2）光纤的连接和切断需要一些精密的工具、设备和技术。

3）光信号的分路、耦合不灵活，较复杂。

4）光缆、光纤的弯曲半径不能过小。

光纤通信尽管存在上述问题，但从技术上说都是可以克服的，不影响光纤的广泛应用。

3.1.2　无线通信

无线通信（Wireless Communication）是利用电磁波信号可以在自由空间中传播的特性进行信息交换的一种通信方式。在移动中实现的无线通信又通称为移动通信，人们把二者合称为无线移动通信。

1. 无线通信组成

无线通信系统由发送设备、接收设备和传输介质三大部分组成，利用无线电磁波，以实现信息和数据传输的系统，如图 3-2 所示。

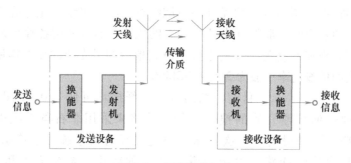

图 3-2　无线通信组成

（1）发送设备　发送设备包括换能器、发射机和发射天线。换能器将被发送或接收的信息变换为电信号；发射机将换能器输出的电信号变为强度足够的高频电振荡；发射天线将高频电振荡变成电磁波向传输介质辐射。

（2）接收设备　接收设备包括接收机、换能器和接收天线。接收机将高频电振荡转化为电信号；换能器将电信号转化为所传送信息；接收天线负责接收发射频载波信号。

（3）传输介质　传输介质是指电磁波。在自由空间中，波长与频率存在以下关系：

$$c = f\lambda$$

式中，c 为光速；f 和 λ 分别为无线电波的频率和波长。

因此，无线电波也可以认为是一种频率相对较低的电磁波。对频率或波长进行分段，分别称为频段或波段。不同频段信号的产生、放大和接收的方法不同，传播的能力和方式也不同，因而它们的分析方法和应用范围也不同。无线电波只是一种波长比较长的电磁波，占据的频率范围很广。

电磁波从发射机天线辐射后，电波的能量会扩散，接收机只能收到其中极少的一部分，而且在传播过程中，电波的能量会被地面、建筑物或高空的电离层吸收或反射，或在大气层中产生折射或散射，从而造成强度的衰减。

2. 无线通信分类

无线通信根据工作频段或传输手段分类，可以分为中波无线通信、短波无线通信、超短波无线通信、微波无线通信和卫星通信等。

（1）中波无线通信　中波无线通信是指利用波长为 100～1000m、频率为 300～3000kHz 的电磁波进行的无线电通信，又称为中频通信。

中波靠地波和天波两种方式进行传播。在利用中波无线通信进行传播时，地波和天波会同时存在，易造成接收困难，所以传输距离不会很远，一般为几百公里。白天，由于阳光照射，电离层密度增大，使电离层变成良导体，致使以天波形式传播的一小部分中波进入电离层就被强烈吸收，难以返回地面，加之以地波形式传播的中波又被大地吸收而传播不远，于是就造成白天难以收到远处的中波电台。到了夜间，大气不再受阳光照射，电离层中的电子和离子相互复合而显著增加，故电离层变薄，密度变小，导电性能变差，对电波的吸收作用也大大地减弱。这时，中波就可以通过天波途径传送到较远的地方。目前，中波无线通信主要用作近距离本地无线电广播、海上通信、无线电导航以及飞机上的通信等。

（2）短波无线通信　短波无线通信是指利用波长为 10 ~ 100m、频率为 3 ~ 30MHz 的电磁波进行的无线电通信，又称为高频（HF）无线电通信。

短波无线通信可以利用地波传播，但主要是利用电层反射进行传播。短波段的低频端的电波容易被吸收，而高频端的电波大部分会穿出电离层，然后被电离层反射，从而形成短波的天波模式。天波的入射角应该选择在既能保证电波返回地面，又不会被吸收的范围内。

目前，短波无线通信广泛应用于电报、电话、低速传真通信和广播等方面。

（3）超短波无线通信　超短波无线通信是指利用频率为 30 ~ 300MHz 波段的无线电波传输信息的通信。由于超短波的波长在 1 ~ 10m 之间，所以也称为米波通信，主要依靠地波传播和空间波视距传播。整个超短波的频带宽度为 270MHz，是短波频带宽度的 10 倍。由于频带较宽，因而超短波无线通信被广泛应用于电视、调频广播、雷达探测、移动通信和军事通信等领域。

（4）微波无线通信　微波无线通信（Microwave Communication），是指利用波长小于 1m、频率高于 300MHz 的电磁波进行无线电通信，它可以分为分米波（波长为 100 ~ 1000mm、频率为 300 ~ 3000MHz）、厘米波（波长为 10 ~ 100mm、频率为 3 ~ 30GHz）、毫米波（波长为 1 ~ 10mm、频率为 30 ~ 300GHz）和丝米波（波长为 0.1 ~ 1mm、频率为 300 ~ 3000GHz）。它包括地面微波接力通信、对流层散射通信、卫星通信、空间通信及工作于微波波段的移动通信。微波无线通信具有可用频带宽、通信容量大、传输损伤小、抗干扰能力强等特点，可用于点对点、一点对多点或广播等通信方式。

（5）卫星通信　卫星通信是指利用人造地球卫星作为中继站转发无线电信号，在两个或多个地面站之间进行的通信。地面站是指在地球表面（包括地面、海洋和大气中）的无线电通信站。

人造地球卫星根据对无线电信号有无放大转发功能，分为有源人造地球卫星和无源人造地球卫星。最初大多使用无源人造地球卫星，但是反射下来的信号太弱，可实用价值比较低，于是人们开始研究具有放大和变频转发功能的有源人造地球卫星——通信卫星来实现卫星通信。在众多卫星通信中，绕地球赤道运行的周期与地球自转周期相等的同步卫星具有优越性能，因此利用同步卫星的通信已成为主要的卫星通信方式。

随着技术的进步，卫星通信中的无线通信技术和全球卫星定位系统（GPS）技术越来越多地应用于日常生活的方方面面。特别是汽车中的卫星定位系统（GPS）为各个方面提供了有利的数据支持，解决了驾驶的一些难题。

卫星通信是现代通信技术的重要成果，它是在地面微波通信和空间技术的基础上发展起来的。

安装在专用车辆上、易于搬运的小型 C/Ku 地球站，在国内和国际的各种场合应用很广，可用来传电视、电话、传真、电报和数据等，多用于应急场合。

3. 无线通信关键技术

常用的无线通信技术，都可以用于智能网联汽车之间的通信。在智能网联汽车领域，关键的技术包括无线局域网（WLAN）、射频技术（RFID）、无线传感器网络（WSN）和蜂窝移动通信技术。

（1）无线局域网（WLAN） 无线局域网就是不使用有线方式，通过无线信号为通信终端设备间提供与位置无关的网络数据传输的系统。无线网络正在成为商业用户在广泛区域数据覆盖的主流技术。

WLAN 是基于计算机网络与无线通信技术的，在计算机网络结构中，逻辑链路控制（LLC）层及其之上的应用层对不同的物理层的要求既可以相同，也可以不同，因此，WLAN 标准主要是针对物理层和媒质访问控制层（MAC），涉及所使用的无线频率范围、空中接口通信协议等技术规范与技术标准。

WLAN 的实现协议有很多，其中最为著名也是应用最为广泛的当属无线保真技术——Wi-Fi，它实际上提供了一种能够将各种终端都使用无线进行互联的技术，为用户屏蔽了各种终端之间的差异性。

在实际应用中，WLAN 的接入方式很简单，以家庭 WLAN 为例，只需一个无线接入设备——路由器，一个具备无线功能的计算机或终端（手机或 PAD），没有无线功能的计算机只需外插一个无线网卡即可。有了以上设备后，具体操作如下：使用路由器将热点（其他已组建好且在接收范围的无线网络）或有线网络接入家庭，按照网络服务商提供的说明书进行路由配置，配置好后在家中覆盖范围内（WLAN 稳定的覆盖范围在 20～50m）放置接收终端，打开终端的无线功能，输入服务商给定的用户名和密码即可接入 WLAN。

（2）射频技术（RFID） 射频是 Radio Frequency 的缩写，是一种简单的无线系统，只有两个基本器件，即一个询问器和很多应答器。该系统用于控制、检测和跟踪物体。

应答器由天线、耦合元件及芯片组成，一般来说都是用标签作为应答器，每个标签具有唯一的电子编码，附着在物体上标记目标对象。

阅读器由天线、耦合元件、芯片组成，是读取（有时还可以写入）标签信息的设备，可设计为手持式 RFID。

应用软件系统是应用层软件，主要是把收集的数据做进一步处理，并为人们所使用。

较常见的应用有无线射频识别（Radio Frequency Identification，RFID），常称为感应式电子晶片或近接卡、感应卡、非接触卡、电子标签、电子条码等。其原理是由扫描器发射一特定频率的无线电波能量给接收器，用以驱动接收器电路将内部的代码送出，此时扫描器便接收此代码。

RFID 射频识别是一种非接触式的自动识别技术，它通过射频信号自动识别目标对象并获取相关数据，识别工作无须人工干预，可工作于各种恶劣环境。RFID 技术可识别高速运动物体并可同时识别多个标签，操作快捷、方便。短距射频产品不怕油渍、灰尘污染等恶劣的环境，可在这样的环境中替代条码，例如用在工厂的流水线上跟踪物体。长距射频产品多用于交通，识别距离可达几十米，如自动收费或识别车辆身份等。

RFID 解决方案是 RFID 技术供应商针对行业发展特点制定的 RFID 应用方案，可根据不同企业的实际要求"量身定做"，也可按照行业进行分类，如物流、防伪防盗、身份识别、资产管理、动物管理和快捷支付等。

（3）无线传感器网络（WSN） WSN 是由大量静止或移动的传感器以自组织和多跳的方式构成的无线网络。从中可以看出，传感器网络主要负责的是数据采集、处理与传输三种功能，分别对应的是传感器技术、计算机处理技术和无线通信技术。由于传感器网络节点通信方式一般都是采用无线通信方式，所以传感器网络代表的就是无线传感器网络。

传感器网络中的部分节点或全部节点可以慢速移动，拓扑结构会随着节点的移动而不断地动态变化。节点之间以点对点方式进行通信，每个节点都可以充当路由器的角色，并且都具备动态搜索、定位和恢复连接的能力。从用户的角度来看，无线传感器网络系统由传感器节点、汇聚节点（类似于网关）和管理节点组成。从网络功能来看，每个传感器节点都具有信息采集和路由的双重功能，它不仅要进行本地信息收集和数据处理还要存储、管理和融合其他节点转发过来的数据，同时与其他节点协作完成一些功能。图 3-3 所示为无线传感器网络的工作流程，大量的传感器节点分布在监测区域，通过自组织的方式构成网络，传感器节点对探测信息进行初步处理后将以多跳中继的方式传送给汇聚节点，然后通过卫星、互联网等途径将信息传给管理节点，也就是终端用户。终端用户也可通过管理节点对传感器网络进行管理和配置，如发布监测任务等。

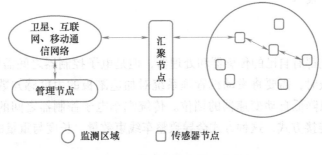

图 3-3　无线传感器网络的工作流程

传感器节点由处理器、射频部分、探测部分组成，处理器完成计算与控制功能，射频部分完成无线通信传输功能，探测部分完成数据采集功能。汇聚节点则不需要探测部分，只要有处理器模块与射频模块即可。但是汇聚节点通常具有较强的处理器模块，包括增强的计算处理、存储处理、通信能力，它既可以是一个具有足够能量供给和更多内存资源与计算能力的增强型传感器节点，也可以是一个带有无线通信接口的网关设备（只负责数据转换），能完成传感器网络与外部网络的数据交换。

（4）蜂窝移动通信技术　蜂窝移动通信（Cellular Mobile Communication）是采用蜂窝无线组网方式，在终端和网络设备之间通过无线通道连接起来，进而实现用户在活动中相互通信。其主要特征是终端的移动性，并具有越区切换和跨本地网自动漫游功能。蜂窝移动通信业务是指经过由基站子系统和移动交换子系统等设备组成蜂窝移动通信网提供的语音、数据、视频图像等业务。

蜂窝移动通信系统主要是由交换网路子系统（NSS）、无线基站子系统（BSS）和移动台（MS）三大部分组成，如图 3-4 所示。其中 NSS 与 BSS 之间的接口为"A"接口，BSS 与 MS 之间的接口为"Um"接口。在模拟移动通信系统中，TACS（Total Access Communications System，模拟移动通

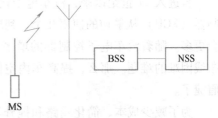

图 3-4　蜂窝移动通信系统的组成

信）规范只对 Um 接口进行了规定，而未对 A 接口做任何的限制。因此，各设备生产厂家对 A 接口都采用各自的接口协议，对 Um 接口遵循 TACS 规范。

移动台就是网络终端设备，比如手机或者一些蜂窝工控设备。无线基站子系统包括日常见到的移动基站（大铁塔）、无线收发设备、专用网络（一般是光纤）、无线的数字设备等。可以把无线基站子系统看作是无线网络与有线网络之间的转换器。

常见的蜂窝网络类型有 GSM 网络、CDMA 网络、4G 网络、FDMA、TDMA、PDC、TACS、AMPS 等。

3.2　智能网联汽车通信技术分类

智能网联汽车最典型的特征是能接入互联网，拥有多个传感器，能够收发信号，感知周围物理环境，并与其他车辆实现实体互动。那么，实现这样的工作方式必然离不开智能网联汽车通信技术。

3.2.1　车内通信

电子控制系统都有自己的传感器和处理器，但是电子控制器之间需要进行数据交换，例如猛踩加速踏板时，需要将发动机管理系统对加速踏板的力度感知数据传送给自动变速器的控制器，以降低自动变速器的档位。传统汽车电子控制器之间的数据传输采取如图 3-5 所示的全连接方式，这种方式会导致整车线束数量、长度与重量的急剧增加。

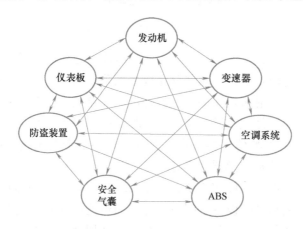

图 3-5　传统汽车电子控制器的全连接方式

自进入 21 世纪以来，汽车电子化越来越普及，电子控制系统越来越多。汽车电子控制器（ECU）从最初的使用几个，到现在使用数量已达几十个甚至上百个，以后也可能会更多。随着汽车电子控制器的增多，线束和插接器也越来越多，这就造成了空间狭小布线困难的难题。那么，提高车内空间利用率以及保证车辆电气系统的可靠性也就迫在眉睫了。

为了减少成本、简化线路和提升车辆电气系统的可靠性，在借鉴计算机网络技术和现代控制技术的基础上，汽车总线应运而生。汽车总线是指汽车内部导线采用总线控制的一种技术，它将各种汽车电子装置连接成为一个网络，通过总线发送和接收信息。电子控制系统除了独立完成各自的控制功能外，还可以为其他控制装置提供数据服务。

由于使用了网络化的设计，减少了电气节点的数量和导线的用量，从而使装配工作变得更为简单。与此同时，信息传送的可靠性也大大增强。通过总线可以访问任何一个电子控制装置，读取故障码对其进行故障诊断，使整车维修工作变得更为简单。汽车总线主要包括控制局域网络（Controller Area Network，CAN），简称为 CAN 总线，以及局部连接网络（Local Interconnect Network，LIN），简称 LIN 总线，也称为 CAN 总线网下的"局域网子系统"，为 CAN 总线网提供辅助功能。此外还有 Flex Ray、MOST、USB、IE1394 等总线。

1. 控制局域网络——CAN 总线

CAN 总线是德国博世（Bosch）公司为了解决现代汽车中众多的控制与测试仪器之间的数据交换而开发的一种串行数据通信协议，其短帧结构、总线仲裁技术以及灵活的通信方式可以满足汽车对数据实时性和可靠性的要求，目前的汽车 CAN 总线网络结构如图 3-6 所示。CAN 总线由 CAN 高速总线和 CAN 低速总线两部分组成。网关（Gateway）负责 CAN 高速总线和 CAN 低速总线之间的速率适配。一个信号要从一个总线区域进入到另一个总线区域，首先通过识别代号识别总线信号的速率，然后进行速率适配，让另一个区域的系统接收被适配后的信号。

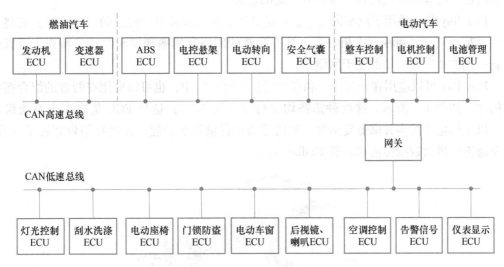

图 3-6　汽车 CAN 总线网络结构

汽车的动力系统、底盘和安全系统对实时性和可靠性有较高的要求，通常会采用高速 CAN 总线。

汽车的动力系统包括燃油汽车的发动机以及电动汽车的整车控制、电机控制和电池管理系统等。底盘和安全系统包括变速器系统、制动防抱死系统（ABS）、电控悬架、安全气囊、电动转向系统等。

车身电子系统及其舒适性电子控制单元都连接到低速 CAN 总线上，例如灯光控制、刮水洗涤、电动座椅、门锁防盗、电动车窗、后视镜、喇叭、空调控制和仪表显示等，通常采用 CAN 低速总线。

2. 局部连接网络——LIN 总线

虽然 CAN 总线已广泛应用于车内网中，并且具备高总线速度、高抗电磁干扰性和高传输可靠性等优越的性能，但是价格比较昂贵。由于汽车结构复杂，所以构成车辆网络系统的各个模块需要传输的数据流量、数据传输速率等要求各不相同。

譬如，在车身和安全性能方面的应用对车用网络总线的性能要求并不太高，而是需要一种性价比更高的标准车用网络总线，LIN 总线正好可以满足这一需求。

目前 LIN 总线技术正被越来越广泛地应用到汽车电子系统中，包括防盗系统、电动天窗、空调系统、前照灯以及中控门锁等都有 LIN 总线技术的应用。

典型的 LIN 网络的节点数可以达到 12 个。以门窗控制为例，在车门上有门锁、车窗玻璃开关、车窗升降电动机、操作按钮等，只需要 1 个 LIN 网络就可以把它们连为一体。除此之外，通过 CAN 网关，LIN 网络还可以和汽车其他系统进行信息交换，实现更丰富的功能。目前 LIN 已经成为国际标准，被大多数汽车制造商和零部件生产商所接受。

3. 高速容错网络协议——Flex Ray

Flex Ray 总线是由宝马、飞利浦、飞思卡尔和博世等公司共同制定的一种新型通信标准，专为车内联网而设计，采用基于时间触发机制，具有高带宽、容错性能好等特点，在实时性、可靠性和灵活性方面具有一定的优势。

Flex Ray 是一种用于汽车的高速、可确定性、具备故障容错能力的总线技术，它将事件触发和时间触发两种方式相结合，具有高效的网络利用率和系统灵活性特点，可以作为新一代汽车内部网络的主干网络。

Flex Ray 可以应用在无源总线和星形网络拓扑结构中，也可以应用在两者的组合拓扑结构中，如图 3-7 所示。这两种拓扑均支持双通道 ECU，这种 ECU 集成多个系统级功能，以节约生产成本并降低复杂性。双通道架构提供冗余功能，并使可用带宽翻了一番。每个通道的最大数据传输率达到 10Mbit/s。

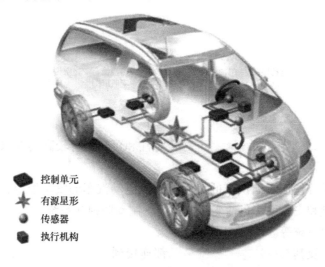

控制单元
有源星形
传感器
执行机构

图 3-7 Flex Ray 总线布置

Flex Ray 技术中的收发器，可以监视有关车辆速度、纵向和横向加速度、转向盘角度、车身和轮胎加速度及行驶高度的数据，实现了更好的乘坐舒适性以及驾驶时的安全性和高速响应性。此外，还将施加给轮胎的负荷变动以及底盘的振动均减至最小。

4. 汽车多媒体和导航——MOST

MOST 是一种专门针对车内使用而开发的、服务于多媒体应用的数据总线技术。MOST 表示"多媒体传输系统"。MOST 采用塑料光缆（POE）作为传输介质，将音响设备、电视、全球定位系统及电话等设备相互连接起来，给用户带来极大的便利。

（1）MOST 的基本特征　通过采用 MOST，不仅可以减少连接各部件的线束的数量、降低噪声，而且可以减轻系统开发技术人员的负担，最终在用户处实现各种设备的集中控制。MOST 具有以下特征：

1）在保证低成本的条件下，可达到 24.8Mbit/s 的数据传输速度。

2）无论是否有主控计算机都可以工作。

3）使用 POF 优化信息传送质量。

4）支持声音和压缩图像的实时处理。

5）支持数据的同步和异步传输。

6）发送/接收器嵌有虚拟网络管理系统。

7）支持多种网络连接方式。

8）提供 MOST 设备标准。

9）方便、简洁的应用系统界面。

（2）MOST 的数据类型　MOST 利用一个低价的光纤网络传输同步数据、异步数据、控制数据三种数据，如图 3-8 所示。同步数据是指同时传送音频信号、视频信号等流动型数据；异步数据是指传送访问网络及访问数据库等的数据包；控制数据是指传送控制报文及控制整个网络的数据。

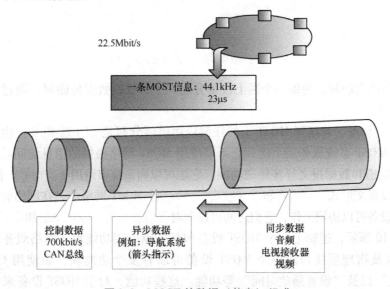

图 3-8　MOST 的数据（信息）组成

MOST 是基于数字电话交换机等使用的"帧同步传送"技术，因此，通过简单的硬件就可以实现流动型数据的同步传送，只会产生完全可以预测到的最小限度的滞后。与此相比，其他的网络协议对流动型数据的处理较为烦琐，在数据的滞后方面还存在问题。

从拓扑方式来看，MOST 基本上为一个环状拓扑。这种拓扑的优点是在增加节点时，不需要手柄及开关，而且媒体（光纤）没有集中在某特定装置的附近，可以节省光纤。此外，MOST 还有一个优点是，光纤网络不会受到电磁辐射干扰与搭铁环的影响。

MOST 利用一根光纤，最多可以同时传送 15 个频道的 CD 质量的非压缩音频数据。在一个局域网上，最多可以连接 64 个节点（装置）。

（3）MOST 的基本结构

1）MOST 节点结构。MOST 标准的节点结构模型如图 3-9 所示。MOST 网络可以连接基于不同内部结构和内部实现技术的节点。它的拓扑结构可以是环形网和星形网。MOST 网络上的设备可分享不同的同步和异步数据传输通道，不同类型的数据具有不同的访问机制。

MOST 网络有集中管理和非集中管理两种管理模式。集中管理模式中，管理功能由网络上的一个节点实施；当其他节点需要这些服务时，必须向这个节点申请。非集中管理模式中，网络管理分布在网络上的节点中，不需要中心管理。

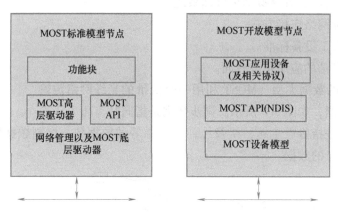

图 3-9　MOST 标准的节点结构模型

MOST 网络启动时，为每一个网上设备分配一个地址；数据传输时，通过同步位流实现各节的同步。

2）MOST 设备。连接到 MOST 上的任何应用层部分都是 MOST 设备。由于 MOST 设备是建立在 MOST 系统服务层上的，它可以应用 MOST 网络提供的信息访问功能以及位流传送的同步频道和数据报文异步传送功能。它也可以向系统申请用于实时数据传送的带宽，同时还可以以报文形式访问网络和发送接收控制数据。MOST 网络中，在网络管理系统的控制下，这些设备可以协同工作，它们之间可以同时传送数据流、控制信息和数据报文。

如图 3-10 所示，逻辑上一个 MOST 设备包括节点应用功能块、网络服务接口、发送器/接收器以及物理层接口。一个 MOST 设备可以有多个功能块，如使用 CD，需要有"放""停止"以及"设置播放时间"等功能。这些功能，对于 MOST 设备来说外部是可以直接访问的。

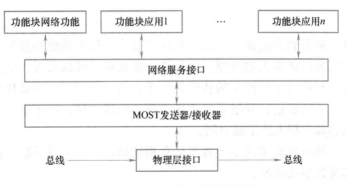

图 3-10　MOST 设备的逻辑结构

典型 MOST 设备的硬件结构如图 3-11 所示。其中 RX 表示输入信号，TX 表示发送信号，Ctrl 表示控制信号。在一些简单的设备中，可以没有微控制器部分，由 MOST 功能模块——MOST 发送器/接收器直接把应用系统连到网络上。

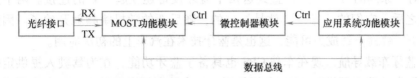

图 3-11　典型的 MOST 设备的硬件结构

（4）MOST 总线的布置形式　MOST 总线系统的显著特点是它的环形结构，如图 3-12 所示。控制单元通过一根光纤把数据传送至环形结构中的下一个控制单元。这个过程一直持续到数据返回至最初发出数据的那个控制单元，由此形成一个闭合的环路，意味着一个控制单元总是拥有 2 根光纤，一根用于发射器，另一根用于接收器。MOST 总线系统的诊断是借助于数据总线的诊断接口和诊断 CAN 进行的。

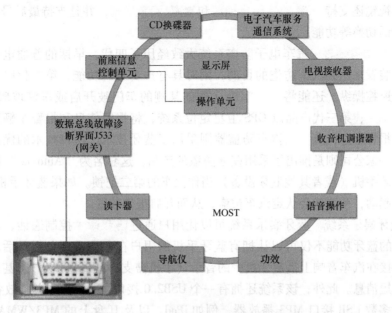

图 3-12　MOST 总线采用环形网络结构

5. 计算机网络兼容的蓝牙——Bluetooth

蓝牙技术是一种新的开放式短距离无线通信技术。汽车系统和蓝牙技术的结合，将给汽车的使用和服务带来更大的方便，如果进一步发展就可以实现智能网联。车主在任何时间、任何地点都可以了解汽车的状况并给予必要的控制。在车载应用领域，蓝牙无线电装置、电话、信息娱乐和导航系统市场得到了迅速发展，在未来汽车网络控制、故障诊断等领域也将具有很大的发展空间。

目前在汽车领域应用较多的主要有蓝牙免提通信、蓝牙车载导航、蓝牙后视镜、蓝牙防盗装置和蓝牙娱乐系统等。

（1）蓝牙免提通信　从国外汽车制造行业来看，蓝牙车载免提系统的应用其实已经非常普遍甚至逐渐成为中高档轿车的人性化和安全配置之一，蓝牙设备之间的无线连接始于一个问询信号。蓝牙发射设备会发出一个信号，要求在其信号覆盖范围内的其他可以兼容的蓝牙设备做出反应。当其信号覆盖范围内确实存在这样的蓝牙设备时，在这两者之间会有一系列的信号传送，直到这两个蓝牙设备建立起有效的连接。两个蓝牙设备建立连接之后，它们的信号传送就是同步的，随后新的随机跳频就开始了。因此蓝牙技术使得免提式蜂窝电话成为可能，这也是蓝牙技术在汽车上的初次应用。

（2）蓝牙车载导航　现在车载 GPS 也具备了蓝牙功能，在为驾驶人提供定位导航的同时还能作为"蓝牙耳机"，实现免提接听，极大地方便了驾驶人，也大大提高了行车途中接打电话的安全性。部分带蓝牙功能的车载 GPS 还可传送图片和文件，充分满足蓝牙用户的各种需求。

（3）蓝牙后视镜　蓝牙后视镜内置有扬声器（在后视镜背后）、传声器（在后视镜下边的中央），并且配备有蓝牙耳机。用户可以选择使用免提或者蓝牙耳机两种接听方式，蓝牙耳机不用的时候还可以方便地夹在后视镜右侧。蓝牙后视镜增加了来电显示功能，有来电的情况下，来电号码会在后视镜上的 OLED 显示区域显示，方便查看。除此之外，蓝牙后视镜还支持 DSP 数字信号处理和噪声/回声抑制，并且支持最后号码重播、语音拨号、通话切换等功能。

（4）蓝牙防盗装置　汽车电子防盗系统大致经历了四代，早期的普通电子防盗主要靠锁定点火装置来达到汽车防盗的目的，同时具有声音报警功能；第二代电子防盗装置不仅可实现遥控操纵，还能将车辆状态（例如某侧的车门被开启或车窗玻璃被破坏等）信息传递给车主；第三代产品以 GPS 卫星定位系统，将报警信息和报警车辆所在位置无声地传送到报警中心；第四代汽车防盗器则采用了蓝牙技术，这种技术的优点在于非接触式。英国一家公司则是推出了采用蓝牙防盗的产品，这套名为"Auto-txt"的系统可以把用户的蓝牙手机（或者其他蓝牙设备）当作汽车的第二把锁。如果蓝牙手机不在车里，一旦汽车被起动，系统就会认定汽车被盗，从而开启报警装置。

（5）蓝牙娱乐系统　蓝牙娱乐系统可以让用户通过语音命令控制通话、音乐播放等功能，内置的蓝牙功能不仅可以让拥有蓝牙手机的用户在车内实现免提通话，而且可以通过蓝牙直接在汽车音响上播放手机中的音乐（手机需支持蓝牙立体声），甚至可以直接阅读收到的短消息。此外，该系统还拥有一个 USB2.0 接口，可以读取并播放各种 USB 设备（包括大多数 USB 接口 MP3 播放器，例如 iPod，以及 U 盘上的 MP3/WMA/AAC 音乐文件），并且可以给支持 USB 充电的 MP3 播放器充电。

6. 汽车总线的发展趋势——以太网（Ethernet）

汽车电子控制技术的发展方向是智能化和集中控制，这使得传感器与电子控制单元（ECU）不再是一一对应的关系，要求车载环境类传感器的 ECU 处理能力都集中到车载计算平台，这时 CAN 总线的实时性、互操作性、带宽和线缆成本等技术与经济指标已不能满足要求，因而出现了车载以太网。车载以太网是一种用以太网连接车内电子单元的新型局域网技术。与普通的以太网使用 4 对非屏蔽双绞线（UTP）电缆不同，车载以太网在单对非屏蔽双绞线上可实现 100Mbit/s 甚至 1Gbit/s 的数据传输速率，同时还应满足汽车行业对高可靠性、低电磁辐射、低功耗、带宽分配、低延迟以及同步实时性等方面的要求。

未来的智能或自动驾驶汽车将引入车载以太网，汽车的电子电气架构（Electronic and Electrical Architecture）会发生巨大变化，智能或自动驾驶汽车的新增功能和原有汽车的电子控制系统将划分为不同的控制域（Domain Control，DC），每一个控制域由一个处理能力较强的域控制器（如车载计算平台）负责控制和管理。

基于车载以太网的电子电气架构有两种方式。一是在传统总线网关基础上局部增加以太网，如图 3-13 所示，网关与域控制器和部分电子控制单元之间以汽车总线连接，域控制器与其下位模块（如车载传感器）之间采用星型连接。其优点是保持原有汽车总线网关和电子控制器不变，只在局部增加以太网系统。

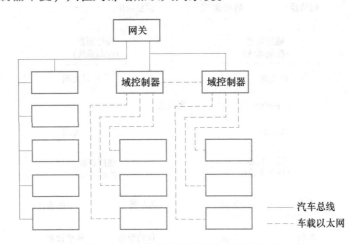

图例：
—— 汽车总线
---- 车载以太网

图 3-13　在传统总线网关基础上局部增加以太网

二是采用以太网交换机连接各域控制器，如图 3-14 所示。以太网交换机与域控制器之间采用星型连接，域控制器与其下位模块（如车载传感器或电子控制单元）采用线型连接。其优点是网络可扩展性好，从控制功能角度出发，完整的控制功能域可由单一供应商实现。

采用以太网交换机连接域控制器的应用案例如图 3-15 所示，它由 4 个控制域组成，一个域控制器管理多个电子控制单元（ECU）。其中，动力系统、底盘和安全系统属于一个控制域，车身电子系统属于一个控制域，信息娱乐系统和诊断系统属于一个控制域，

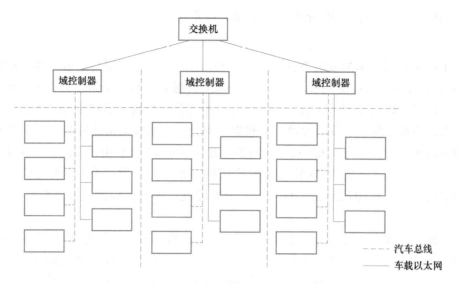

图 3-14   采用以太网交换机连接各域控制器

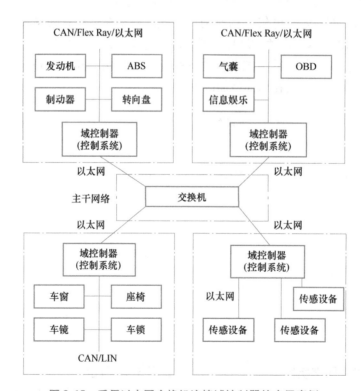

图 3-15   采用以太网交换机连接域控制器的应用案例

未来的自动驾驶系统（车载计算平台，包括车辆环境感知和驾驶决策等功能）属于一个控制域。

国外的汽车零部件供应商和车厂目前正在基于车载以太网开发设计新一代的电子电气框架。博世采用车载以太网与基于以太网交换机的域连接方案，设计开发了汽车电子电气框架，用于未来的智能或自动驾驶汽车；奥迪与德尔福合作开发了基于车载以太网的车载计算平台，已应用于 L3 级别的自动驾驶汽车。

据全球著名咨询公司 Frost&Sullivan 和 Strategy Analysis 预测，到 2020 年，全球将部署 4 亿个车载以太网端口；到 2022 年，全球部署的车载以太网端口数量将超过所有其他已部署的以太网端口总和。

3.2.2　短距离通信

1. 常用短程通信

短程通信是指作用距离在毫米级到千米级的、局部范围内的无线通信技术。其涵盖近场通信（Near Field Communication，NFC，作用距离为厘米级）、无线个域网（Wireless Personal Area Networks，WPAN，作用距离为 10m 级）、无线局域网（Wireless Local Area Networks，WLAN，作用距离为 100m 级）和无线传感器网络（Wireless Sensor Networks，WSN，作用距离为数百米至千米级）。

（1）常用短程通信的特点

1）低功耗，便携性和移动性，避免相互干扰。

2）低成本，消费电子领域使用量大。

3）多在室内环境下应用。

4）使用 ISM 频段，通用性和民用性，免许可证。

5）电池供电。

（2）常用短程通信的类型　在物联网时代，机器和机器之间的交流同样需要相互之间能够听懂的语言进行沟通。在物联网中比较常用的无线短距离通信语言及技术有 Wi-Fi 技术、蓝牙技术、RFID 技术、NCF 技术、UWB 技术、IrDA 技术和 60GHz 技术。

1）Wi-Fi 技术。Wi-Fi 是以 IEEE802. 11 标准为基础发展起来的短距离无线通信技术。随着技术的发展以及 IEEE802. 11a、IEEE802. 11g、IEEE802. 11n 等标准的出现，现在 IEEE802. 11 这个标准已统称为 Wi-Fi 技术。

IEEE802. 11 有多种版本，版本不同，所对应的 Wi-Fi 特性也有差别。例如：IEEE802. 11g 工作在 2. 4GHz 频段，所支持的最大传输速率为 54Mbit/s；IEEE802. 11n 工作在 2. 4GHz 或 5. 0GHz 频段，最大传输速率为 600Mbit/s。

① Wi-Fi 的分类。Wi-Fi 没有统一的分类方法，根据不同的维度，有不同的分类方法。在智能网联汽车中，一般按照 Wi-Fi 信号源划分为固定 Wi-Fi 和移动 Wi-Fi。其中，固定 Wi-Fi 通过无线路由器，将有线网络转变为无线 Wi-Fi，通常在固定场所铺设；移动 Wi-Fi 将基础运营商提供的数据流量转换为无线 Wi-Fi，通常在移动环境下使用。

② Wi-Fi 技术的特点

a. 覆盖范围大。覆盖半径可以达到数百米，而且解决了高速移动时数据的纠错问题和误码问题，Wi-Fi 设备与设备、设备与基站之间的切换和安全认证都得到了很好的解决。

b. 传输速率快。不同版本的 Wi-Fi 传播速率不同，基于 IEEE802. 11n 的传播速率可以达到 600Mbit/s。

c. 健康安全。IEEE802. 11 规定的发射功率不可超过 100MW，实际发射功率为 60 ~

70MW，辐射非常小。

d. 无须布线。可以不受布线条件的限制，不需要网络布线，适合移动。

e. 组建容易。只要在需要的地方设置接入点，并通过高速线路将互联网接入，用户只需将支持无线局域网的设备拿到该区域，即可进入互联网。

Wi-Fi 信号会随着离接入点距离的增加而减弱，而且无线电信号遇到障碍物会发生不同程度的折射、反射、衍射，使信号传播受到干扰；无线电信号也容易受同频率电波的干扰和雷电天气的影响，这些都会造成网络信号的不稳定和速率下降。

Wi-Fi 技术作为高速有线接入技术的补充，具有可移动性、价格低廉的优点。Wi-Fi 技术广泛应用于有线接入、需要无线延伸的领域。

Wi-Fi 技术也是蜂窝移动通信的补充。蜂窝移动通信可以提供广覆盖、高移动性和中低等数据传输速率，它可以利用 Wi-Fi 高速数据传输的特点弥补自己数据传输速率受限的不足；Wi-Fi 不仅可以利用蜂窝移动通信网络完善鉴权和计费机制，而且可结合蜂窝移动通信网络广覆盖的特点进行多接入切换功能，这样就可实现 Wi-Fi 与蜂窝移动通信的融合。

③ Wi-Fi 技术的应用。Wi-Fi 技术凭借其低成本、低功耗、灵活、可靠等优势在物联网产业中发挥着重要作用。Wi-Fi 技术在物联网中广泛应用于电力监控、油田监测、环境监测、气象监测、水利监测、热网监测、电表监测、机房监控和供水监控等。

采用 Wi-Fi 互联技术的车载影音系统，可以直接与手机相连，实现手机与车载影音系统的同步互联操作，除了具备传统的视频播放、车载导航功能之外，还可以实现同屏传送、收发邮件、网络登录、网络下载等移动互联功能。基于 Wi-Fi 互联技术的车载影音系统具有以下功能：

a. Wi-Fi 双屏互动功能，可将手机屏幕显示内容传送到车载影音屏幕上。

b. 支持导航功能。

c. Wi-Fi 上网、蓝牙通信。

d. 支持耳机模式和外部功放模式。

e. 支持标清视频播放。

汽车制造商可以把汽车变成带有 Wi-Fi 功能的系统，连接车载仪表设备与各种通信设备，让整辆车就好比一个可以移动的 Wi-Fi 热点。若在 IEEE802.11ac 标准的基础上集成 5G Wi-Fi 技术，将能够让驾驶人与乘客通过畅通的 5GHz 信道把移动设备中的内容同步并传输到车辆的信息娱乐系统以及后座显示屏上。

对于智能网联汽车，驾驶人除了可以在移动设备上远程查看其车辆位置、轮胎气压、油量与里程等基础信息外，还可以在同一个移动设备上接收关于车辆性能与诊断的预警信息。此外，车载 Wi-Fi 技术还可以搭建移动热点，在不依赖蜂窝设备且移动的状态下实现与网络的连接。Wi-Fi 同样有望在 V2X 通信和实现无人驾驶的过程中发挥关键作用，在支持千兆级以上速率的相关标准不断发展的情况下，Wi-Fi 的优势更加明显。

2）RFID 技术。RFID（射频识别）技术是 20 世纪 90 年代开始兴起的一种自动识别技术。

① RFID 技术的定义。RFID 技术也称为电子标签，是一种短距离无线通信技术，可

以通过无线电信号识别特定目标并读写相关数据，而无须在识别系统与特定目标之间建立机械或者光学接触，所以，它是一种自动识别技术。

②RFID 技术的类型。RFID 技术中衍生的产品有三类，即无源 RFID 产品、有源 RFID 产品和半有源 RFID 产品。其中应用在智能停车场、智能交通、物联网等领域的是有源 RFID 产品，其产品主要工作频率有超高频 433MHz、微波 2.45GHz 和 5.8GHz。

③RFID 技术的特点

a. 读取方便快捷。数据的读取无须光源，甚至可以透过外包装来进行。有效识别距离更大，若采用自带电池的主动标签，有效识别距离可达到 30m 以上。

b. 识别速度快。标签一进入磁场，阅读器就可以即时读取其中的信息，而且能够同时处理多个标签，实现批量识别。

c. 数据容量大。数据容量最大的二维条形码，最多也只能存储 2725 个数字，若包含字母，存储量则会更少；RFID 标签则可以根据用户的需要将存储量扩充到数万个数字。

d. 穿透性和无屏障阅读。在被覆盖的情况下，RFID 能够穿透纸张、木材和塑料等非金属或非透明的材质，并能够进行穿透性通信。

e. 使用寿命长，应用范围广。无线通信方式使 RFID 可以应用于粉尘、油污等高污染环境和放射性环境，而且封闭式包装使得 RFID 标签寿命大大超过印刷的条形码。

f. 标签数据可动态更改。利用编程器可以向标签写入数据，从而赋予 RFID 标签交互式便携数据文件的功能，而且写入时间相比打印条形码更少。

g. 安全性好。不仅可以嵌入或附着在不同形状、类型的产品上，而且可以为标签数据的读写设置密码保护，从而具有更高的安全性。

h. 动态实时通信。标签以每秒 50～100 次的频率与阅读器进行通信，所以只要 RFID 标签所附着的物体出现在阅读器的有效识别范围内，就可以对其位置进行动态的追踪和监控。

④RFID 技术的应用。RFID 技术凭借其实时、准确地对高速移动目标的快速识别特性，将成为未来交通信息采集与监管的主要手段，它在交通管理中的广泛应用也必将成为未来智能交通的发展趋势。

RFID 技术可以用于：交通信息的采集，如采集机动车流量、车辆平均车速、道路拥挤状况；智能交通控制，如交通信号优化控制、公交信号优化控制、特定区域出入管理；违章、违法行为检测，即与视频监控、视频抓拍系统配合，通过 RFID 射频识别设备对过往车辆进行检测、抓拍和身份判别；高速公路自动收费系统；无钥匙系统；车牌自动识别系统等。

3）NCF 技术。NFC 技术又称为近距离无线通信技术，是一种短距离的高频无线通信技术，允许电子设备之间进行非接触式点对点信息传输，交换数据、图片和视频等。该技术结合了非接触式射频识别及无线连接技术，作用于 13.56MHz 频率，传输距离一般在 20cm 内，传输速率有 106kbit/s、212kbit/s 和 424kbit/s 三种。

①NFC 技术的特点

a. 近距离感。NFC 设备之间的极短距离接触（主动通信模式为 20cm，被动通信模式为 10cm），让信息能够在 NFC 设备之间点对点快速传递。

b. 安全性好。NFC 是一种短距离通信技术，设备必须靠得很近，从而提供了固有的安全性；也可以通过加/解密系统来确保移动设备之间的安全通信。

c. 处理速度快。从 NFC 移动设备侦测、身份确认到数据存取只需 0.1s 时间即可完成。

d. 连接快速。NFC 能够快速、自动地建立无线网络，为蜂窝设备、蓝牙设备、Wi-Fi 设备提供一个"虚拟连接"，使电子设备可以在短距离范围内进行通信。NFC 短距离交互大大简化了整个认证识别过程，使电子设备间互相访问更直接、更安全和更清楚。

② NFC 技术的应用。NFC 技术应用在智能汽车上，可以提高车内应用的易用性和功能性，例如智能手机通过 NFC 功能和汽车连接后，便可启动多媒体或导航系统，驾驶人可在手机中输入地址，通过 NFC 即可自动将地址传至 GPS 执行导航。车载 NFC 系统还可以自动将智能手机所存储的用户个性化参数同步，以及进行数据共享。

现在经常看到的利用智能手机上的智能钥匙来解锁车门，就是利用了 NFC 技术来实现的。随着技术的发展，可能在未来的某个时间点智能手机将有可能彻底取代传统钥匙。除此之外，NFC 技术还可以将蓝牙和智能手机结合起来，这样就可以让驾驶人很轻松地在智能手机上查看车油量状况、更换机油时间、轮胎气压以及汽车位置等信息。

当驾驶人把智能手机当作车门钥匙使用时，可通过验证对话框确认解除车门锁。同时，驾驶人也可以通知汽车控制系统按照其所保存的舒适性调整设置进行工作。当驾驶人把智能手机放到汽车仪表板上方的手机架中之后，它就启动了防跑偏装置，让汽车做好行驶前的一切准备工作；还可以通过扩展槽从智能手机中直接读取有关车辆的数据，如油耗、行驶里程和时间、用户服务信息或者最近的直达行驶路线等。

4）UWB 技术。UWB 是指信号宽带大于 500MHz 或者信号宽带与中心频率之比大于 25%。例如一个中心频率为 1GHz 的 UWB 系统，它的射频带宽应在 250MHz 以上。

UWB 技术是一种无载波通信技术，它采用极短的脉冲信号来传送信息，通常每个脉冲持续的时间只有十几皮秒到几纳秒。

UWB 技术也称为脉冲无线电、脉冲雷达、时域技术或无载波技术等。

① UWB 技术特点

a. 传输速率高，空间容量大。在 UWB 系统中，信号宽带高达 0.5 ~ 7.5GHz，传输速率可达几百兆至 1Gbit/s，因此，将 UWB 技术应用于短距离高速传输场合是非常合适的，可以极大地提高空间容量。

b. 适合近距离通信。按照 FCC（Federal Communications Commission，美国联邦通信委员会）规定，UWB 系统的辐射功率非常有限，3.1 ~ 10.6GHz 频段总辐射功率仅为 0.55MW，远低于传统窄带系统。随着传输距离的增加，信号功率将不断衰减。另外，超宽带信号具有极其丰富的频率成分，无线信道在不同频率表现出不同的衰减特性。随着传输距离的增加，高频信号衰减极快，导致 UWB 信号产生失真，严重影响系统性能。研究表明，当收发信机之间的距离小于 10m 时，UWB 系统的信道容量高于 5GHz 频段的 WLAN 系统；当收发信机之间的距离超过 12m 时，UWB 系统的容量急剧下降。因此，UWB 系统特别适合近距离通信。

c. 隐蔽性好。因为 UWB 的频谱非常宽，能量密度非常低，因此信息传输安全性高。

另一方面，由于能量密度低，UWB 设备对于其他设备的干扰就非常低。

d. 多径分辨能力强。由于 UWB 极高的工作频率和极低的占空比而具有很高的分辨率，窄脉冲的多径信号在时间上不易重叠，很容易分离出多径分量，所以能充分利用发射信号的能量。试验表明，对常规无线电信号多径衰落深达 10～30dB 的多径环境，UWB 信号的衰落最多不到 5dB。

e. 定位精度高。冲击脉冲具有很高的定位精度，采用超宽带无线通信，可在室内和地下进行精确定位，而 GPS 定位系统只能工作在 GPS 定位卫星的可视范围之内。与 GPS 提供绝对地理位置不同，超短脉冲定位器可以给出相对位置，其定位精度可达厘米级。

f. 抗干扰能力强。UWB 扩频处理增益主要取决于脉冲的占空比和发送每个比特所用的脉冲数。UWB 的占空比一般为 0.001～0.01，具有比其他扩频系统高得多的处理增益，抗干扰能力强。一般来说，UWB 抗干扰处理增益在 50dB 以上。

g. 穿透能力强。在具有相同绝对带宽的无线信号中，UWB 脉冲的频率最低，相对于毫米波信号具有更强的穿透能力。

h. 体积小，功耗低。UWB 无线通信系统接收机没有本振、功放、锁相环、压控振荡器、频器等，因而结构简单，设备成本低。由于 UWB 信号无须载波，而是使用间歇的脉冲来发送数据，脉冲持续时间很短，有很低的占空因数，所以它只需要很低的电源功率。一般 UWB 系统只需要 50～70MW 的电源，是蓝牙技术的 1/10。

② UWB 技术应用。UWB 技术可以对目标进行快速搜索与准确定位，在智能交通中，可以利用该技术研发雷达系统，这样可以有效提升雷达系统的防障物性能；在汽车中安装该系统，可以为车辆驾驶人提供智能化服务；在车辆行驶过程中，可以帮助驾驶人避开障碍物；还可以帮助驾驶人对汽车进行定位测量，获取相关道路信息等。

由于 UWB 技术具有明显的优势，其应用领域非常广泛。UWB 技术可以用于低截获率的内部无线通信系统、超宽带雷达、防撞雷达、高精度定位系统、无人驾驶飞行和探地雷达等。UWB 技术在智能交通系统、成像应用、无线传感网络以及射频标识等领域都有广阔的应用前景。

5）IrDA 技术。IrDA（红外）技术是由红外线数据标准协会制定的一种无线协议。

① IrDA 技术定义。IrDA 技术是一种利用红外线进行点对点短距离无线通信的技术。红外线是波长在 0.75～1000μm 之间的电磁波，它的频率高于微波而低于可见光，是一种人的眼睛看不到的光线。即近红外线，波长为（0.76～1）～（2.5～3）μm；中红外线，波长为（2.5～3）～（23～40）μm；远红外线，波长为（25～40）～1000μm。

IrDA 通信一般采用红外波段内的近红外线，波长的范围限定在 0.85～0.9μm 之内。

IrDA 通信发送端采用脉时调制方式，将二进制数字信号调制成某一频率的脉冲序列，并驱动红外发射管以光脉冲的形式发送出去；接收端将接收到的光脉冲转换成电信号，再经过放大、滤波等处理后经解调电路进行解调，把它还原为二进制数字信号后输出。总之，IrDA 通信的本质就是对二进制数字信号进行调制与解调，使它有利于使用红外线进行传输。

IrDA 通信按发送速率分为三大类——串行红外（SIR）、中红外（MIR）和高速红外（FIR）。串行红外（SIR）的速率覆盖了 RS232 端口通常支持的速率（9.60～115.2kbit/

s）；中红外（MIR）可支持 0.576Mbit/s 和 1.152Mbit/s 的速率；高速红外（FIR）通常用于 4Mbit/s 的速率，最高达 16Mbit/s 的速率。

② IrDA 技术特点及局限性

IrDA 技术具有以下特点：

a. 稳定性好。红外传输采用的是模拟传输方式，并不像蓝牙、无线射频等技术采用数字信号传输，所以几乎没有任何相似的信号对它产生干扰。

b. 私密性强。红外传输技术是一种利用红外线作为载体进行数据传输的技术。在日常生活中，红外传输技术随处可见，最典型的是电视机、空调等家用电器通过红外遥控器进行控制。

c. 功率低。红外传输技术功率小于 40MW。

d. 成本低廉。红外传输技术已非常成熟，上、下游产业链也极为发达，相对于蓝牙、Wi-Fi 等无线传输技术，在成本上有明显的优势。

IrDA 技术具有以下局限性：

a. IrDA 技术是两个具有 IrDA 端口的设备之间的数据传输，中间不能有阻挡物，这在两个设备之间是容易实现的，但在多个电子设备间就必须要彼此调整位置和角度等。

b. 由于红外线发射角度一般不超过 30°，所以可控性比较小，发送和接收方的位置要相对固定，移动性差。

c. 如果红外线频率过高，就会导致人类眼睛与皮肤受到损伤，所以在设置红外无线通信时，需要严格控制红外发射强度。

③ IrDA 技术应用。IrDA 技术在汽车上主要用于夜视辅助系统。在夜间驾驶车辆时，因为光线问题驾驶人的视线范围会变得狭窄，对于黑暗中物体的识别能力会下降，若这个时候驾驶人打开汽车前照远光灯来拓展视野范围，假如对面刚好有相向行驶的车辆，对面车辆的驾驶人就会因为极高的远光灯亮度产生炫目感，从而给行车带来安全隐患。在正常情况下人眼所能感受到的光波段为 380～780nm，并且对于近红外波段的光不敏感。因此，为了拓展人眼的视觉范围，并同时减少光对人眼的直接炫目刺激，一般采用红外波段和微光放大来拓展视野范围。另外，很多遥控钥匙也大多采用 IrDA 技术来遥控车辆。

6）60GHz 技术。60GHz 技术是指通信载波为 60GHz 附近频率的短距离无线通信技术。

60GHz 通信载波是波长为 5mm 的无线电磁波，属于毫米波，具有频带宽、波长短的基本特征。这些频率特征决定了 60GHz 频段的电磁波具有极强的数据传输能力和极高的波形分辨率。

① 60GHz 技术特点

a. 频谱资源丰富。60GHz 波段可用于无线通信的连续频率，带宽达 7～9GHz，并且是免许可的免费资源。目前无线低频段大部分已被占用，大量的低频无线电的频谱空间被分配给了无线本地通信的应用。例如 2.4GHz 的无线低频频段就挤满了 Zigbee、蓝牙、微波和其他应用。各国政府都在 60GHz 频率附近划分出免许可的连续免费频谱，专门用于短距离的无线通信。随着无线频谱资源越来越稀缺，60GHz 毫米波无线通信技术在

60GHz 频率周围能够利用的资源之多、频段之广，要远远超出其他几种无线通信技术。因此，60GHz 毫米波无线通信技术可以提供更快的传输速率和更优质的通信质量。

b. 传输速率高。由于 60GHz 毫米波无线通信技术拥有极大的带宽，而传输速率是随着带宽的增加而增加的，因此 60GHz 毫米波无线通信技术的理论传输速率极限可以达到千兆级。对于其他几种无线通信技术来说，由于频谱资源和带宽的限制，要达到千兆级的传输速率从理论上来说不是不可能，但是必须采用高阶调制等极其复杂的技术，大大增加了实现的难度，并且对信道的信噪比要求更高，在现实中几乎不可能实现。而 60GHz 毫米波无线通信技术因为有足够的带宽资源，无须使用复杂技术就可以在较低的信噪比条件下达到兆比特级的传输速率，性能是其他无线传输技术的数十倍。

c. 抗干扰性强。60GHz 无线信号的方向性很强，使得几个不同方向的 60GHz 通信信号之间的相互干扰非常小，几乎可以忽略不计。目前使用该频段进行无线通信的技术很少，而且主要使用的无线通信技术的载频基本都远远小于 60GHz。因此，通信系统之间的干扰也很小，同样可以忽略不计。

d. 安全性高。传输路径的自由空间损耗在 60GHz 附近频率时约为 15dB/km。又因墙壁等障碍物可以较大程度地减弱毫米波的干扰，使得 60GHz 无线通信在短距离通信的安全性能和抗干扰性能上具有得天独厚的优势。

e. 方向性好。99% 的波束集中在 4.7° 范围内，极强的窄波束特别适合点对点的无线通信。

f. 易于实现频率复用。60GHz 电磁波的路径损耗大，传输距离近，适合在近距离内实现频率复用。加之载波方向性强，抗干扰能力也强，使得多条同频传输链路可在同一空间内共存，实现空间复用，有效提升网络通信容量。

g. 最大发射功率限制小。60GHz 波段占用的频率少，相对比较空闲，且远离传统通信系统的工作频段，使用较高的发射功率也不会对别的无线通信系统造成干扰。因此，60GHz 波段所允许的最大发射功率限制小，可利用较高的发射功率来提高数据速率。

h. 天线尺寸小和电路可集成化。天线的尺寸与载波波长的数量级相比，由于 60GHz 载波波长处于毫米级别，其天线的尺寸相对于低波段天线大为减小，可以弥补载波在传输过程中的路径损耗，也有利于实现电路的集成。此外，与低波段电磁波相比，60GHz 的载波更短，除了能降低天线的尺寸外，还可以显著地降低元器件的尺寸，提高通信设备的集成度。

由于 60GHz 的无线频点处于大气传播中的衰减峰值，频段不适合长距离通信（大于 2km），故可以全部分配给短距离通信。在以 60GHz 为中心的 8GHz 范围内，衰减也不超过 10dB/km。因此，无线本地通信有 8GHz 的带宽可用。对短距离通信来说，60GHz 的频段最具有吸引力。

② 60GHz 技术应用。60GHz 技术可应用在汽车防撞报警系统。防撞报警系统由汽车雷达和信息处理单元组成，担负着车辆目标的快速识别预警和预警信号数据的快速传输功能。在复杂气候和车辆高速运行状况下，实现对其他目标的快速识别和预警信号的高速传输，对于交通安全非常重要。因此，可以利用 60GHz 技术，实现汽车雷达的快速识别和数据的高速传输。

在目前所有的汽车防撞雷达中，毫米波雷达因其带宽大、分辨率高、体积小以及全天候工作的优点，近年来成为国际上汽车防撞雷达的主流技术，被广泛应用于军事及民用领域。基于60GHz技术的双模汽车防撞雷达，不仅能通过探测前方目标的相对距离和移动速度，向驾驶人发出预警信号，提醒驾驶人提前采取措施避免事故，而且前后两辆汽车之间能够实现快速识别和数据的高速传输功能，后方车辆与前方车辆之间能相互知道两车的相对速度和距离，双方共同努力、互相协作可以使车辆行驶得更加安全。

另外，60GHz技术也开始应用于智能网联汽车的车载信息娱乐系统。

2. 专用短距离通信

智能网联汽车最终的目标是实现无人驾驶。实现无人驾驶车辆必须具备感知系统，像人一样能够观察周围的环境。但是无人驾驶相比于人工驾驶环境更为复杂，所以仅依靠传感器无法全面地掌握车辆周围环境信息，V2X技术随之产生。V2X技术的实现目前以LTE-V技术和DSRC技术两大技术为支撑。

（1）LTE-V技术　从4G-LTE（第四代移动通信技术）扩展而来的LTE-V，是专门为车间通信而设计的通信技术。它在4G-LTE接入网-用户终端通信的基础上，新增了用户终端-用户终端的直接通信能力，使得它更加适用于智能网联汽车局部范围内快速通信的需求。

2015年2月，3GPP发起了LTE-V2X业务需求研究项目。目前，3GPP已于2016年9月完成了LTE-V2V标准的制定与发布，2017年3月完成了LTE-V2X标准的制定和发布。伴随着3GPP LTE-V2X标准的研究与制定，LTE-V技术成为V2X的研究热点，它为V2X高可靠、低延时的通信需求提供了有力的技术保障。

LTE-V2X能重复使用现有的蜂巢式基础建设与频谱，营运商不需要布建专用的路侧设备（Road Side Unit，RSU）以及提供专用频谱。LTE-V2X主要解决交通实体之间的共享传感（Sensor Sharing）问题，可将车载探测系统（如雷达、摄像头）从数十米、视距范围扩展到数百米以上、非视距范围，成倍提高车载AI的效能，实现在相对简单的交通场景下的辅助驾驶。

1）LTE-V技术分类。LTE-V2X包括集中式（LTE-V-Cell）和分布式（LTE-V-Direct）两种技术。其中LTE-V-Cell需要基站作为控制中心，实现大带宽、大覆盖通信；LTE-V-Direct则是可以无须基站作为支撑，可直接实现车辆与周边环境节点低延时、高可靠通信。该技术在5G时代会演进成C-V2X技术，其主推者主要是电信企业。

2）LTE-V技术特点

LTE-V的优点有：

① 基于现有的移动蜂窝网络，部署简单。部署时只需要在现在的LTE-V基站中增加一些设备，不需要额外建设基站。

② 覆盖范围广，可实现无缝覆盖。

③ 传输更可靠，半静态的调度使得资源分配更加合理，降低了竞争冲突丢包的可能性。

④ 3GPP持续演进，未来可支持更高级的车路协同业务需求。

⑤ 网络运营模式灵活，盈利模式多样化。

LTE-V 的缺点有：

① 当前的技术成熟度相比 WAVE 而言较低。

② LTE-V 应用于车车主动安全与车辆智能驾驶两种场景下的 V2X 通信时，其网络通信性能还需要充分的测试验证。

3）LTE-V 技术工作模式。LTE-V 有 Uu 和 PC5 两种接口，前者为接入网-用户终端通信模式，通过基站进行终端之间的通信；后者为用户终端-用户终端空口短距直传通信模式，不需要通过基站即可完成终端之间的通信。相对于普通 LTE，LTE-V 增加了端到端的直接通信能力，这使得 LVE-V 能够满足于 V2X 的低延时通信要求。

（2）DSRC 技术　DSRC 技术即 Dedicated Short Range Communication（专用短程通信技术），是基于 IEEE802.11p 标准开发的专用短程通信。该技术是专门用于道路环境的车辆与车辆、车辆与基础设施、基础设施与基础设施间，通信距离有限的无线通信方式，是智能网联汽车系统最重要的通信方式之一。它可以实现小范围内图像、语音和数据的实时、准确和可靠的双向传输，将车辆和道路有机连接。

DSRC 技术采用美国联邦通信委员会（FCC）在 1999 年专门为智慧交通系统（ITS）所分配的专属无线频率：5.9GHz 频段内的 75MHz 频谱。国际上 DSRC 标准主要有欧、美、日三大阵营：欧洲的 ENV 系列、美国的 900MHz 和日本的 ARIBSTD-T75 标准。发展较为成熟的也是欧美等国车联网的主流技术。

DSRC 顶层协议栈是基于 IEEE1609 标准开发的，V2V 信息交互是使用轻量 WSMP（WAVE Short Message Protocol）而不是 Wi-Fi 使用的 TCP/IP 协议，TCP/IP 协议用于 V2I 和 V2N 信息交互。DSRC 底层、物理层和无线链路控制是基于 IEEE802.11p 的。使用 IEEE802.11 系列标准的初心是利用 Wi-Fi 的生态系统，但是 Wi-Fi 最初的设计是用于固定通信设备，后来才制定了 IEEE 802.11p 支持移动通信设备。

1）DSRC 的优点：易于部署、低成本和原生的自组织网络支持等。并且针对 V2X 通信的终端高速移动和数据传输的高可靠、低延时等需求进行了优化，适合应用在 V2X 场景，尤其是一些和安全相关的交通场景。

2）DSRC 的缺点

① 车辆接入互联网的路侧设备覆盖问题。如果汽车想通过 WAVE 网络接入互联网，则必须依靠连接到互联网的路侧 DSRC 终端的支持。这就需要在路侧大量布置能够接入互联网的 WAVE 终端设备。

② 考虑车辆高速移动的环境下复杂的网络拓扑结构，数据包的路由问题也是必须关注的。多级连跳通信以及路由问题削弱了 DSRC 高可靠和低延时的性能。

③ DSRC 基于 CSMA/CA 传输介质争用机制，在高密度场景下，车辆之间的信道介入竞争会变得非常强烈，从而导致通信延迟增加和传输速率下降。

除此之外，因为 DSRC 路侧设施投入大，商业盈利模式尚未明确，所以在我国难以实现大规模的商业应用。

（3）LTE-V 和 DSRC 技术对比　DSRC 经过十余年，技术趋于成熟，另外标准的设备使其在推广部署时占据先机，但相对而言，DSRC 采用的高频段穿透性不如低频信号，

LTE-V 则是提供了更高的带宽、更高的传输速率、更大的覆盖范围，并能重复使用现有的蜂巢式基础建设和频谱，车辆实时联网、实时通信，在现有基础设施上搭建 V2X 体系可以和智能交通管理协同。此外，LTE-V 由于其自身的基站调度特性，具有更高的安全可靠性。LTE-V 和 DSRC 技术对比见表 3-1。

表 3-1　LTE-V 和 DSRC 技术对比

业务类别	DSRC	LTE-V Uu	LTE-V PC5
数据速率	27Mbit/s	500Mbit/s	12Mbit/s
传输距离	200~500m	1000m	500~600m
时延	<50ms	E2E 延时约 100ms	<50ms，MODE4 典型值 15ms
最大车速	200km/h	500km/h	500km/h
网络部署	需部署 RSU	基于现网基站	现网基站升级
技术成熟度	相对成熟，部分商用	技术成熟	相对成熟，验证中
商业模式	无法闭环，RSU 及其服务买单方不明确	成熟商业模式	依托 LTE 大网，商业模式相成熟
主要支持者	NXP（高通）	华为、爱立信、大唐、高通、VDF 等	
商用节奏	2017 年美国	计划 2019 年启动商用节奏	

3.2.3　远距离通信

当无线通信传输距离超过短距离无线通信的传输距离时，称为远距离无线通信。远距离无线通信技术主要有蜂窝移动通信技术、卫星通信技术等。

1. 蜂窝移动通信技术

蜂窝移动通信技术即移动通信技术，是指通信的双方至少有一方在运动中实现通信的方式，包括移动台与基地台之间、移动台与移动台之间、移动台与用户之间的通信技术。在移动通信中，常处于移动状态的电台称为移动台，常处于固定状态的电台称为基地台或基站。

（1）蜂窝移动通信技术特点　与固定通信相比，移动通信技术具有以下特点：

1）移动性。要保持物体在移动状态中的通信，因而它必须是无线通信，或无线通信与有线通信的结合。移动通信的传输信道是无线信道，也称为无线移动信道。

2）电波传播环境复杂多变。因移动体可能在各种环境中运动，电磁波在传播时会产生反射、折射、绕射、多普勒效应等现象，产生多径干扰、信号传播延迟和展宽等效应。另外，移动台相对于基地台距离远近变化会引起接收信号场强的变化，即存在远近效应。

3）噪声和干扰严重。在城市环境中，会存在汽车噪声、各种工业噪声，以及移动用户之间的互调干扰、邻道干扰、同频干扰等。

4）系统和网络结构复杂。移动通信是一个多用户通信系统网络，必须使用户之间互不干扰，能协调、一致地工作。此外，移动通信系统还应与市话网、卫星通信网、数据网等互联，整个网络结构很复杂。

5）用户终端设备（移动台）要求高。用户终端设备除技术含量很高外，对于手持机，还要求体积小、重量轻、防振动、省电、操作简单、携带方便；对于车载台，还应保证在高、低温变化等恶劣环境下也能正常工作。

6）要求有效的管理和控制。由于系统中用户终端可移动，为了确保与指定的用户进行通信，移动通信系统必须具备很强的管理和控制功能，如用户的位置登记和定位、呼叫链路的建立和拆除、信道的分配和管理、越区切换和漫游的控制、鉴权和保密措施、计费管理等。

蜂窝移动通信常见的类型有第四代移动通信（4G）和第五代移动通信（5G）。目前使用最多的是第四代移动通信（4G），但随着技术的发展也会有迭代更新。蜂窝移动通信各类型对比见表3-2。

表 3-2　蜂窝移动通信各类型对比

通信技术	典型频段	传输速率	关键技术	技术标准	提供服务
1G	800/900MHz	约2.4kbit/s	FDMA、模拟语音调制、蜂窝结构组网	NMT/AMPS 等	模拟语音传输
2G	900MHz 与 1800MHz GSM900：800～900MHz	约64kbit/s GSM900 上行/下行：2.7/9.6kbit/s	CDMA/TDMA	GSM/CDMA	数字语音传输
3G	WCDMA 上行/下行：1940～1955MHz；2130～2145MHz	一般在几百 kbit/s 以上 125kbit/s～2Mbit/s	多址技术、Rake 接收技术、Turbo 编码及 RS 卷积联码等	CDMA2000（电信）、TD-CDMA（移动）、WCDMA（联通）	同时传送声音及数据信息
4G	TD-LTE 上行/下行：555～2575MHz；2300～2320MHz FDD-LTE 上行/下行：1755～1765MHz；1850～1860MHz	2Mbit/s～1Gbit/s	OFDM/SC-FA-MA/MIMO	LTE/LTE-A/WiMax 等	快速传输数据、音频、视频、图像
5G	3300～3600MHz 与 1800～5000MHz（我国）	理论最高速率达到10Gbit/s	毫米波、大规模 MIMO/NOMA/OFDMA/SC-FD-MA/FBMC/全双工技术		快速传输高清视频、智能家居等

（2）蜂窝移动通信技术应用　蜂窝移动通信技术为智能网联汽车发展创造了良好的技术条件。蜂窝移动通信技术下智能网联汽车产品的创新应用主要表现在以下方面：

1）流媒体应用。智能网联汽车最理想的网络载体是 LTE（即 4G，包括 TDD 和

FDD）或者未来更加高速的移动网络，利用4G可以进行车载视频通话、车载视频会议、车载视频授课等。

2）云服务。智能网联汽车与云平台通过蜂窝移动通信连接，从而获取在线地图等相关数据。这种云服务未来会成为一种新的模式。

3）在线OTA（空中下载技术）应用。在短时间内，快速下载所需数据，未来将成为一种新的应用。

4）通过分析收集到的大量数据，可以得出用户在车内包括驾驶习惯、选择偏好等各种极有价值的信息，将这些信息和保险、养护、加油站、美食等增值点结合，也是未来智能网联汽车发展的方向。

安吉星基于4G的车载应用就是较为典型的蜂窝移动通信技术应用。安吉星利用4G技术为驾驶人提供高速、稳定、安全的互联环境，例如，顺畅的车内通信、流畅地观看高精度网络视频、畅游购物网站、进行快捷支付以及提高车辆远程诊断能力等。

2. 卫星通信技术

卫星通信是在地面微波中继通信和空间技术的基础上发展起来的，通信卫星的作用相当于离地面很高的微波中继站。

（1）卫星通信技术特点　卫星通信技术具有以下特点：

1）通信距离远，且建站成本几乎与通信距离无关。以静止卫星为例，卫星距地面35000km，其视区可达地球表面的42%，最大通信距离可达18000km，中间无须再加中继站。只要视区内的地面站与卫星间的信号传输满足技术要求，通信质量便有保障，建站经费不因通信距离的远近而变化。因此，在远距离通信中卫星通信比微波通信、电缆通信、光缆通信等有明显优势。

2）通信容量大，业务种类多，通信线路稳定可靠。由于卫星通信采用微波频段，可供使用的频带资源较宽，一般在数百兆赫兹以上，适于多种业务传输。随着技术的发展，卫星通信的容量越来越大，传输业务的类型越来越多样化。卫星通信的电波主要在大气层以外的宇宙空间传输，而宇宙空间近乎真空状态，电波传播比较稳定，而且受地面和环境条件影响小，通信质量稳定可靠。

3）覆盖面积大，便于实现多址连接。通信卫星所覆盖的区域内，所有地面站都能利用该卫星进行通信，即可多址连接。这是卫星通信的突出优点，它为通信网络的组成提供了高效性和灵活性。同时，对于移动站或小型地面终端又提供了高度的机动性。

4）卫星通信机动灵活。地面站的建立不受地理条件的限制，可建在边远地区、岛屿、汽车、轮船和飞机上。

5）可以自发自收进行监测。只要地面站收发端处于同一覆盖区，通过卫星向对方发送的信号自己也能接收，从而可以监视本站所发信息是否正确传输，以及通信质量的优劣。

卫星通信也有以下不足：

1）卫星的发射和控制技术比较复杂。卫星从发射到精确定位，并保持很小的源移，技术难度大；由于卫星站之间的通信距离较远，传播损耗大，为保证信号质量，需要采用高增益的天线、大功率的发射机、低噪声的接收设备和高灵敏度的调解器等，这就提高了设备成本，也降低了其便携性。

2）有较大的传播延时。在静止卫星通信系统中，卫星站之间的单程传播时长为0.27s，进行双向通信时，往返的传输延时约为0.54s。

（2）卫星通信技术应用　卫星通信技术在智能交通中的应用涉及了多个方面，如全球卫星定位系统（GPS）及其在智能交通系统中的应用、基于卫星定位和无线通信技术的道路电子收费系统、卫星通信技术在交通运输管理中的应用等。

在交通运输管理中，GPS 导航系统与 GIS 电子地图、无线电通信网络及计算机车辆管理信息系统相结合，可以实现车辆跟踪和交通管理等许多功能，如车辆跟踪、提供出行路线的规划和导航、信息查询、语音服务、紧急援助等。

综上所述，无线通信技术有多种类型，智能网联汽车选用何种无线通信技术，要根据有关标准，综合考虑使用条件、传输性能、成本等多种因素，还要考虑不同企业生产汽车之间的无线通信的兼容性，因此，智能网联汽车必须统一通信标准。

3.3　智能网联汽车通信交互终端

智能网联汽车通信交互终端是指能够实现车内通信和车内与外部环境通信的端口。常用的通信交互终端包括车辆控制系统、车载终端、交通设施终端、外接设备终端等通信交互终端。

3.3.1　车辆控制系统

车辆控制系统（Advanced Vehicle Control Systems，AVCS）是利用先进的传感器技术检测车辆周围信息，通过信息融合和处理，自动识别出危险状态，协助驾驶人进行安全辅助驾驶或者进行自动驾驶，以提高行车安全和增加道路通行能力的系统。其本质是在车辆与道路系统中将现代化的通信技术、控制技术和交通理论加以集成，提供良好的辅助驾驶环境，在特定条件下，车辆将在自动控制下安全行驶。

车辆控制系统能帮助驾驶人或车辆本身完成视野拓展、纵向防撞、横向防撞、交叉路口防撞、安全状况检测、碰撞前乘员防护、自动车辆驾驶等功能。

1. 视野拓展

利用车载设备、运输信息和控制技术，扩展车辆驾驶人的视野，以便在能见度较低、视野盲区或其他恶劣行驶环境下，提高驾驶人对路上行人、车辆、障碍物或危险状况的观察与判断能力，及时采取措施，避免交通事故。

2. 纵向防撞

利用车载和路边探测、通信和控制技术对车辆前后方车辆、障碍物和行人等情况进行实时监控，并通过向驾驶人和周围驾驶人的预警和采取辅助驾驶措施，使人、车安全避险。此外，在车辆发生碰撞时，车辆会自动启动相应的被动安全措施，以减轻碰撞对驾驶人和乘客的伤害。

3. 横向防撞

车辆行驶时，车辆控制系统利用车载和道路设备会自动识别行驶环境，如道路状况、路旁设施、其他车辆等。当车辆在行驶过程中有变换车道或者发生横向偏离时，车辆控制系统会判别发生横向碰撞的危险程度并向驾驶人发出警告。

4. 交叉路口防撞

在车辆即将进入或通过有信号控制的交叉路口时，利用车载设备及通信系统所获得的信息，及时地将交叉路口的交通状况通知驾驶人，并根据需要辅助驾驶人对车辆进行控制或车辆自动执行防撞措施（其中包括纵向防撞、横向防撞以及纵横向综合防撞）或发生碰撞后对驾乘人员及时给予保护。

5. 安全状况检测

车辆控制系统会利用车载设备，对驾驶人、车辆关键零部件以及路况三者进行监控，并将监控到的相关信息发送给本车、邻近车辆驾驶人和交通管理中心进行预警，然后车辆会自动采取措施，保证交通安全。

6. 碰撞前乘员防护

利用车载设备，对周围可能与本车辆发生碰撞的潜在障碍物进行实时监测，根据采集到的数据、信息来分析和判断发生碰撞的可能性，并对可能发生的碰撞及时向驾驶人发出警告，并根据其发生的概率大小、碰撞类型和严重程度，适时自动开启相应的保护装置，以避免或减轻碰撞发生时的人身伤害。

7. 自动车辆驾驶

汽车类机动车辆，通过自动高速公路系统、智能通信与信息系统、车辆智能控制系统的支持，在无人工干预或部分人工干预的情况下，实现在高速公路上的车道跟踪、车距保持、换道、巡航、定位停车等操作。

3.3.2 车载终端

车载终端是车辆监控管理系统的前端设备，也可以称为车辆调度监控终端（TCU 终端）。车载信息娱乐系统（IVI）与车载信息控制单元（TCU）集成，并经蜂窝移动通信（3G/4G/5G）、移动互联网等与车联网服务平台进行连接，构成了车载终端。车载终端可实现远程获取车辆数据、远程控制及车载信息服务等功能。

1. 远程获取车辆数据

远程获取车辆数据是在汽车内的重要部位安装很多不同用途的车用传感器专门检测该部位的工作状况，及时以电信号向车用微机进行传输，向驾驶人提供关于车的实时状况信息，以分析和判断车的状况。例如实时远程获取车辆的油量、机油寿命、总里程和轮胎压力情况等。

2. 远程控制

远程操纵车辆时，先执行客户端程序，向汽车进行控制信号的发送，构建起一个远程服务，再利用该远程服务中的各类控制功能，成功将操纵指令发送出去，指挥汽车中所有应用程序的各种运行。此方式即建立在远程服务基础上的远程控制，利用远程控制软件在计算机间构建了一条有序的数据、信息交换通道，控制端通过此通道可以向汽车发送控制指令，操纵汽车完成所有工作。在控制端对远程被控制端的执行结果进行显示，程序运行所需资源都由计算机提供。汽车的远程控制操作可以实现远程开关车门、远程点火和车辆位置提示等。

3. 车载信息服务

车载信息服务又称为定位互动服务，也称为由汽车厂商主导的 Telematics 服务，是基于车载 GPS 并使用车载电话与远程呼叫中心连通，从而提供实时交流互动服务。其主要功能是全球卫星定位追踪、电子围栏、车辆防盗、查阅历史轨迹、远程断电/断油等。

3.3.3　交通设施终端

交通设施终端是指通过智能交通的基础设施来监测车辆运行环境的端口。

交通设施终端主要由视频捕获设备（高清智能摄像机、补光灯）、路侧单元和网络传输设备（光端机或光纤收发器）等组成。

1. 视频捕获设备（高清智能摄像机、补光灯）

系统中采用的高清抓拍摄像机可监控 2～3 个车道，采用 DSP 嵌入式高性能处理平台，内嵌的识别软件包含了视频采集、图像预处理、车辆检测、车牌检测、车牌切分、字符识别、跟踪和比对、图像压缩、数据传输等模块。系统识别速度快，特别是独特的移动物体跟踪和比对技术可以将帧间有效信息充分利用起来，不依赖单张图片，有效提高系统的识别精度和对复杂环境的适应能力。

辅助光源采用 LED 灯，通过光敏控制模块设计可实现自动启动，当环境光低于预设亮度时，光源自动打开，为摄像机补光，保证夜间的摄像效果。发光器件为大功率 LED，平均无故障时间 MTBF≥30000h。

2. 路侧单元

路侧单元即 RSU（Road Side Unit），是 ETC 系统中安装在路侧，采用 DSRC（Dedicated Short Range Communication）技术，与车载单元（On Board Unit，OBU）进行通信，实现车辆身份识别、电子扣分的装置。

RSU 由高增益定向束控读写天线和射频控制器组成。高增益定向束控读写天线是一个微波收发模块，负责信号和数据的发送/接收、调制/解调、编码/解码、加密/解密；射频控制器是控制发射和接收数据以及处理向上位机收发信息的模块。

3. 网络传输设备（光端机或光纤收发器）

网络传输设备包括交换机、光纤收发器等，承担将前端设备记录的车辆违法信息传输到后端管理中心的任务。

3.3.4　外接设备终端

外接设备终端是指连接车辆与外部设备的端口。智能网联汽车目前常用的有音源接口、OBD 诊断终端和 USB 接口等。

1. 音源接口

音频接口也称为 AUX，一般指的是车载外接音源接口。车上配有 AUX 所特指的意思是专用的 3.5mm 的标准双头接口，可以使任意音响、音频设备接到汽车音响，包括 MP3、CD、MD 等便携式音源设备等，同时还支持 USB 接口等。

2. OBD 诊断终端

车载诊断终端应确保系统寿命期内能够识别出造成排放超标的故障原因、损坏的类型以及故障可能存在的位置，并以故障码的方式将信息储存在电控单元的存储器内。

3. USB 接口

USB 接口是连接汽车与外部设备的一种串口总线标准。汽车上的普通 DVD（或 CD）音频主机不能编辑和修改从 USB 接口读取的数据文件、图片文件或音频和视频文件。它只能在外部存储器中播放或打开音、视频文件和图像文件。

3.4 智能网联汽车通信典型技术——智能通信系统

智能网联汽车智能通信系统是指在通信过程中能实现人与车、车与车、车与路之间的智能的、灵巧的、敏捷的和友好的互动通信，以实现车辆无人驾驶的最终目标。

智能通信系统具有紧急求救、道路救援、卫星定位、汽车防盗、自动防撞系统、车况掌握、车辆应急预警系统、拖车追踪、个性化资讯接收等功能。

1. 紧急求救

紧急救援服务是指交通事故道路救援，包括伤员救治、道路疏导等。在城市生活中，道路交通紧急救援工作可以依托于城市紧急救助系统。城市紧急救助系统集成各种信息与通信资源，将110报警服务台、119 火警、120 急救、122 交通事故报警台纳入统一的指挥调度系统，使各部门、各警区和各警种形成统一的调度平台，提高道路交通事故的快速反应、救援能力和科学决策水平。在中小城市中，基础设施并不完善，借助传统的救援系统不能得到很好的救援服务，在此情况下，汽车生产厂商和汽车信息服务提供商通过车载终端系统提供紧急救援服务。

2. 道路救援

道路救援服务（Road-Side Service）是指汽车道路上为故障车主提供诸如拖吊、换水、充电、换胎、送油以及现场小修等服务。

3. 卫星定位

卫星定位是获取车辆位置和行人位置数据的一个重要手段，是实现自动驾驶的一个关键技术，可用于实时车辆环境感知地图的创建、高精度地图的制作以及自动驾驶决策子系统的路径规划、行为决策和运动规划。

4. 汽车防盗

汽车防盗系统，是指防止汽车本身或车上的物品被盗所设的系统。目前使用较多的是 GPS 卫星定位汽车防盗系统，主要有如下功能：

1）定位功能。监控中心在全国范围内可随时监控某辆车的运营状况，可以 24 小时不间断地检测目标车辆当前的运行位置、行驶速度和前行方向等数据。

2）通信功能。GPS 适应信息时代的需求，在行车中可以为车主提供 GSM 网络上的全国漫游服务。车主可以随时随地与外界和服务中心保持联络。在实际使用过程中，对劫车者也具有震慑作用。另外，它的话费优惠和免提功能也更方便、更舒心。

3）监控功能。如果不幸遇上劫匪，可以通过 GPS 系统配备的脚踏/手动报警、防盗报警等报警设施与监控中心联系。

4）停驶功能。假若爱车不幸丢失，可通过监控中心对它实行远程控制。监控中心在对失主所提供的信息和警情核实无误后，可以遥控该车辆，对其实行断油、断电，再配合附近警方将困在车里动弹不得的窃贼绳之以法。

5）调度功能。在车辆日渐增多的大城市遇上塞车怎么办？GPS 同样可以帮忙。监控服务中心可以将当前的道路堵塞和交通信息广播，发布中文调度指令，提高客、货运效率。

5. 自动防撞系统

汽车自动防撞系统（Automatic Collision Avoidance system）是智能轿车的一部分。汽车防撞系统，是防止汽车发生碰撞的一种智能装置。它能够自动发现可能与汽车发生碰撞的车辆、行人或其他障碍物，发出警报或同时采取制动或规避等措施，以避免碰撞的发生。

6. 车况掌握

实时车况可以实时了解车辆的油量、机油寿命、总里程和轮胎压力情况。同时还可以通过与车辆连接的移动端获取车辆系统的发动机、气囊、制动等多种车况的报告。

7. 车辆应急预警系统

车辆应急预警系统用以提高车辆在突发事故、故障等情况下的报警和反应能力，以期有效预防和处理突发事件，减少人员、车辆损失。目前常用的车辆应急预警系统有车道偏离预警系统、前方车辆防碰撞预警系统和盲区预警系统等。

8. 拖车追踪

拖车追踪是利用安装在拖车的通信模块与移动通信网络或卫星通信定位数据进行追踪。可以通过通信模块的后台数据实时监控车辆位置和状态信息。

9. 个性化资讯接收

车载信息娱乐服务可以为驾驶人收发电子邮件与个性化资讯等。为了驾驶安全，信息与娱乐服务主要以听觉为主。车载信息娱乐服务提供的方式有两种：一种是通过车联网服务平台向车载终端提供，这时信息娱乐内容提供商与车联网服务平台提供商合作；另一种是通过投影模式将智能终端或 MP3 上的内容在车载音响上播放，这主要由驾驶人将内容下载到智能终端或者 MP3 上进行播放。

习 题

1. 判断题

1）智能网联汽车增加了 V2X 通信以及汽车自组网等通信技术。 （ ）

2）光纤通信也称为无线通信。 （ ）

3）汽车总线是指汽车内部导线采用总线控制的一种技术，它将各种汽车电子装置连接成为一个网络，通过总线发送和接收信息。 （ ）

4）常用的通信交互终端包括车辆控制系统、车载终端、交通设施终端、外接设备终端、路侧终端等通信交互终端。 （ ）

5）路侧单元是实现车辆身份识别、电子扣分的装置。 （ ）

6）车载终端是车辆监控管理系统的前端设备，也称为车辆调度监控终端。 （ ）

2. 选择题

1）无线电通信系统由发送设备、接收设备、无线信道三大部分组成，利用无线电磁波实现信息和数据传输。下列不属于接收设备的是（ ）。

A. 发射器 B. 接收机 C. 换能器 D. 接收天线

2）下列选项中属于光纤通信中传输单元的是（ ）。

A. 光发射机 B. 光源 C. 检测器 D. 中继器

3）交通设施终端由视频捕获设备、路侧单元、（ ）等组成。

A. 传感器 B. 网络传输设备

C. 电子端口 D. 互联网端口

3. 思考题

1）请思考哪一种通信技术是目前较常用的，具有哪些特点？

2）请简述 RFID 技术在智能网联汽车上的应用。

3）请简述在智能网联汽车中智能通信系统的典型应用。

第4章

智能交通系统

导读

　　本章首先介绍了智能交通系统的基本知识，即智能交通系统的起源和国内外的发展历程、智能交通系统的概念和特征以及智能交通系统的组成和作用；在此基础上介绍智能交通系统体系结构的概念、意义和构建方法以及智能交通系统中应用的技术，如传感技术、智能决策技术、云计算技术和通信技术；最后介绍智能交通系统的相关应用。

本章知识点：
- 智能交通系统概述
- 智能交通系统体系结构
- 智能交通系统技术构架
- 智能交通系统业务构架

4.1　智能交通系统概述

　　交通是人类社会生产、生活以及经济发展的必要环节。近年来，随着科学技术的不断发展、城市化进程的不断深入，人们对交通需求的增加直接导致机动车数量呈爆炸式增长。与此同时也带来一系列相关问题，如交通拥堵、交通事故频发、能源短缺、环境恶化等。智能交通系统是改善上述一系列相关问题的重要技术手段和突破口。

4.1.1　智能交通系统的起源与发展

　　智能交通系统（Intelligent Traffic System，ITS）起源于20世纪60年代，它的概念于1990年由美国智能交通学会（ITS America，曾用名 IVHS America）提出，并在世界各国大力推广。20世纪80年代中期以来，ITS得到了突破性进展，经过十几年的研究与应用，目前国际ITS领域已经形成以美国的"智能车辆-公路系统"、日本的"先进的动态交通信息系统"和欧洲的"尤里卡"联合研究开发计划为代表的三强鼎立局面。其他一些如韩国、澳大利亚等国家的 ITS 研究和发展也已初具规模。我国自 20 世纪七八十年代开始研究智能交通系统,也取得了一定的成效。下面主要介绍美国、日本、欧洲以及我国的 ITS 发展状况。

1. 美国智能交通系统的发展

美国是应用智能交通系统较为成功的国家之一。美国智能交通系统的雏形始于 20 世纪 60 年代末期的电子路径导向系统。20 世纪 80 年代中期,加利福尼亚交通部门研究的 PATHFINDER 系统获得成功,此后便开展了一系列关于智能交通方面的研究。

1995 年 3 月,美国交通部出版了《国家智能交通系统项目规划》,明确规定了智能交通系统的七大领域(图 4-1)和 29 个用户服务功能,并确定了到 2005 年 10 年间的开发计划。

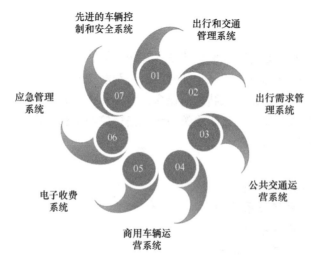

图 4-1 美国智能交通系统七大领域

2009 年 12 月,美国交通部发布了《智能交通系统战略研究计划: 2010 ~ 2014 年》,目标是利用无线通信建立一个全国性、多模式的地面交通系统,形成以车辆、道路基础设施和乘客携带的设备之间相互连接的交通环境。该计划的核心是智慧驾驶,强调了车与车之间的互联。2015 年 1 月,美国交通部启动互联网汽车项目,该项目分为概念车发展、制造测试设计和运行维护三个阶段。目前,美国已经创建了较为完善的四大系统: 车队管理、公交出行信息、电子收费和交通需求管理。

2. 日本智能交通系统的发展

日本的智能交通系统发展始于 20 世纪 70 年代。1973 ~ 1978 年,日本成功地组织了一个"动态路径诱导系统"试验。1995 年 8 月,制定了《道路、交通、车辆领域信息化实施指南》,明确了 9 个开发领域,确定了 11 项推进措施以及 21 世纪初的目标。1996 年 4 月,日本正式启动车辆信息与通信系统,先后在首都圈内、大阪和名古屋等地推广,并于 1998 年向全国推进。2003 年 7 月,日本智能交通系统战略委员会发布《日本智能交通系统战略规划》,提出了日本智能交通系统的发展构想、短期和中期战略计划。2011 年,日本全国高速公路网引进安全舒适的智能交通系统站点,及时且快速地向车载导航系统提供大量的交通信息和图像，有效缓解了交通拥堵，改善了驾驶环境。

目前，日本 ITS 规划体系包括先进的导航系统、安全辅助系统、交通管理最优化系统、道路交通管理高效化系统、公交支援系统、车辆运营管理系统、行人诱导系统和紧急车辆支援系统。

3. 欧洲智能交通系统的发展

欧洲的智能交通系统发展始于 20 世纪 60 年代的自动车辆监控系统。早期欧洲智能交通系统的发展主要由各国独立研究，各国之间合作比较有限。随着欧盟架构计划以及政府与企业提出的联合研究组织的推动，欧盟各国逐渐开始合作。欧盟在智能交通系统的推动下由欧盟执委会下的交通与能源署主导。2011 年 3 月，欧盟推出智能交通系统 2020，其三大目标是交通可持续、提升竞争力和节能减排。

欧洲在 ITS 应用方面的进展介于日本和美国之间。目前正在进行 Telematics 的全面开发，计划在全欧洲建立专门的交通（以道路交通为主）无线数据通信网，开发先进的出行信息服务系统（ATIS）、先进的车辆控制系统（AVCS）、先进的商业车辆运行系统（ACVO）、先进的电子收费系统等。

4. 我国智能交通系统的发展

我国的 ITS 起源可追溯到 20 世纪 70 年代末的城市交通信号控制试验研究，在 20 世纪 90 年代中后期，我国明显加快了对智能交通技术研究的步伐，见表 4-1。

表 4-1　我国智能交通系统发展历程

时　　间	重　要　事　件
1995 年	1）交通部 ITS 工程研究中心进行了"全球卫星定位系统（Global Positioning System，GPS）与导航系统"和"基于 GPS 的路政车辆管理系统"等项目的研究 2）交通部与各省厅联合开展了"网络环境下不停车收费系统"的攻关工作
1999 年	1）广州市"一卡通"不停车收费系统投入运行 2）交通监控、汽车智能导航等系统以及大量 ITS 科研成果和技术产品得到了实际应用 3）交通部和科技部等 10 多个相关部门组成了国家智能交通系统工程技术研究中心
2001 年	科技部正式推出《中国智能交通系统体系框架》（第 1 版）
2002 年	1）设立了《智能交通系统体系框架及支持系统开发》项目 2）国家计划委员会（现更名为国家发展和改革委员会）制定了《"十五"综合交通体系发展规划》，这是 ITS 首次以国家文件的形式列入我国政府的发展规划 3）科技部正式批复"十五"国家科技攻关"智能交通系统关键技术开发和示范工程"重大项目正式实施，将北京、上海等 10 个城市作为试点城市，这些城市陆续制定并出台了 ITS 发展规划
2007 年	第十四届智能交通世界大会在北京举行，大会展示了我国近年来各部门、各地区在 ITS 领域所取得的成就，并加强了我国在 ITS 领域与国外的交流与合作

此后，城市和城间道路交通管理的 ITS 关键技术研究更加深入，交通信息采集设备、专用短程通信设备、车载信息装置等硬件设施也都取得了不同程度的发展和应用。目前，我国的 ITS 已进入快速发展期，在软件和终端产品开发上也取得了相当大的进展，如数字

地图和车载导航设备具备了一定的水平，得到了广泛应用。随着经济的快速发展，我国对 ITS 的研究和应用越来越快，特别是我国"五纵七横"国道主干网的建成，掀起了 ITS 建设新热潮。

4.1.2　智能交通系统的概念与特征

1. 智能交通系统的概念

智能交通系统是在传统的交通工程基础上发展起来的新型交通系统。目前国际上对智能交通系统还没有一个统一的定义，我国学者对智能交通系统的定义如下：智能交通系统又称为智能运输系统，是将先进的信息技术、数据通信传输技术、电子传感技术、控制技术及计算机技术等有效地集成，以加强车辆、道路、使用者三者之间的联系，形成一种保障安全、提高效率、改善环境、节约能源的综合运输系统，如图 4-2 所示。

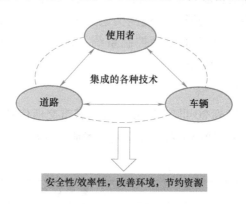

图 4-2　智能交通系统概念示意图

2. 智能交通系统的特征

智能交通系统为解决当前的各类交通难题提供了新的思路，从概念、理论和试验阶段发展到大规模的实施阶段，各地智能交通的投资规模在迅速增长。与传统的交通运输管理与设施建设不同，智能交通系统主要有以下几个特征：

（1）信息化　智能交通系统以信息的收集、分析处理、交换共享、发布为主线，为交通参与者提供多元化的服务。信息是智能交通系统的灵魂，通过信息技术可以帮助出行者充分了解交通的状况，从而促使其交通行为合理化，使系统在一定程度上达到协调。此外，智能交通信息化可以实时采集交通信息并对其进行综合分析，确保管理者能够就实际问题提供科学的解决方案，提高管理水平和系统运行效率，并实现交通运输与整个社会经济系统之间的有效衔接。

（2）整体性　ITS 项目产生的效益及对社会经济的发展影响越来越广泛，这主要得益于交通运输领域越来越多地吸收 IT 等相关技术和新理念，相比传统的技术系统，智能交通系统在建设过程中具有要求更为严格的整体性，其表现为：

1）智能交通系统建设涉及众多行业领域，是需要全社会一起参与才能完成的大型工程。

2）智能交通系统涉及众多技术领域，需要这些领域的技术人员共同协作，将其技术成果成功运用于交通运输系统。

3）智能交通系统的整体性还体现在 ITS 项目的研发和实施，需要政府、企业、私人组织、科研院所等多方共同参与完成。

（3）动态性　ITS 新技术应用提供了实时的信息，这使得车辆、道路、使用者、环境等相互协调，从而使得智能交通系统中人-车-路环境之间可以进行实时的信息交流，呈现其动态性。

（4）复杂性　ITS 从点到面，渗透到整个交通系统的各个方面。复杂性主要体现在两个方面：第一，涉及多个复杂的科学系统，因此呈现出复杂性特征；第二，智能交通系统是一项复杂、大型的系统工程，需要众多行业领域广泛参与，因此行业间协调问题也体现了复杂性。

4.1.3　智能交通系统组成及作用

1. 智能交通系统的组成

智能交通系统主要由先进的交通信息系统、先进的交通管理系统、先进的公共交通系统、先进的车辆控制系统、货运管理系统、电子收费系统和交通紧急救援系统组成，如图 4-3 所示。

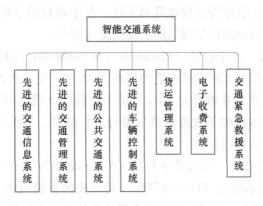

图 4-3　智能交通系统组成

（1）先进的交通信息系统　先进的交通信息系统（Advanced Traffic Information System，ATIS）是建立在完善的信息网络基础上的。交通参与者通过道路上、车上、换乘站上、停车场上以及气象中心的传感器和传输设备，向交通信息中心提供各地的实时交通信息；ATIS 得到这些信息并处理后，实时向交通参与者提供道路交通信息、公共交通信息、换乘信息、交通气象信息、停车场信息以及与出行相关的其他信息；出行者根据这些信息确定自己的出行方式、选择路线，在此基础上，当车辆装备自动定位和导航时，该系统可以帮助驾驶人自动选择行驶路线。

（2）先进的交通管理系统　先进的交通管理系统（Advanced Traffic Management System，ATMS）有一部分与 ATIS 共用信息采集、处理和传输系统，但 ATMS 主要是给交通管理者使用的，用于检测控制和管理公路交通，在道路、车辆和驾驶人之间提供通信联系。它将对道路系统中的交通状况、交通事故、气象状况和交通环境进行实时的监视，依靠先进的车辆检测技术和计算机信息处理技术，获得有关交通状况的信息，并根据收集到的信息对交通进行控制，如信号灯、发布诱导信息、道路管制、事故处理与救援等。

（3）先进的公共交通系统 建立先进的公共交通系统（Advanced Public Transportation System，APTS）的主要目的是采用各种智能技术促进公共运输业的发展，使公交系统实现安全便捷、经济、运量大的目标。如通过个人计算机、闭路电视等向公众提供出行方式和事件、路线及车次选择等资讯，在公交车站通过显示器向候车者提供车辆的实时运行信息。在公交车辆管理中心，可以根据车辆的实时状态合理安排发车、收车等计划，提高工作效率和服务质量。

（4）先进的车辆控制系统 先进的车辆控制系统（Advanced Vehicle Control Systems，AVCS）主要有监测调控系统和事故规避系统。监测调控系统的作用是自动识别路网中的障碍、自动发出警报、自动改变方向、自动制动、自动保持车距在安全范围内、控制车辆速度和巡航。事故规避系统的作用是在可能发生危险的情况下，可以实时地以声音或者光的形式为驾驶人提供车辆四周的必要信息，同时可以针对危险情况自动采用相应的措施，从而有效地避免危险的发生。

（5）货运管理系统 货运管理系统主要是指以高速道路网和信息管理系统为基础，利用物流理论进行管理的智能化的物流管理系统。其主要利用卫星定位、地理信息系统、物流信息及网络技术有效地组织货物运输，提高货运效率。

（6）电子收费系统 电子收费（Electronic Toll Collection，ETC）系统是世界上最先进的路桥收费方式，可以使车道的通行能力提高 3～5 倍。电子收费系统主要通过安装在车辆风窗玻璃上的车载器与在收费站 ETC 车道上的微波天线之间的微波专用短程通信，同时利用计算机网络技术使电子收费系统与银行进行结算，从而达到车辆通过路桥收费站无须停车而能缴纳路桥费的目的。

（7）交通紧急救援系统 交通紧急救援（Emergency Medical Service，EMS）系统是一个特殊的系统，它的基础是 ATIS、ATMS 以及有关的救援机构和设施，通过 ATIS 和 ATMS 将交通监控中心与专业救援机构组成有机的整体，为道路使用者提供车辆故障现场紧急处置、拖车、现场救护、排除事故车辆等服务。该系统包含应急车辆管理系统以及紧急通告与人员安全系统，该系统的作用在于提高对突发交通事件的反应能力，提高交通事件应急的资源调度能力并优化资源配置。

2. 智能交通系统的作用

智能交通系统的作用是通过人、车、路三者之间和谐、密切的配合，提高交通运输效率，缓解交通堵塞，提高路网通过能力，减少交通事故，降低能源消耗，减轻环境污染。具体主要体现在以下四个方面：

1）为城市安全及交通管理服务，如交通监控、交通信号控制、智能公共交通等。

2）为出行者服务，如交通信息采集和诱导、智能公共交通、停车诱导等。

3）缓解交通敏感点的拥堵问题，如 ETC。

4）为规划、管理等提供决策支持，如交通数据采集、综合交通信息平台等。

4.2　智能交通系统体系结构

4.2.1　智能交通系统体系结构组成及意义

1. 智能交通系统体系结构概念

智能交通系统（ITS）体系结构是指系统所包含的各个子系统，各个子系统之间的相互关系和集成方式以及各子系统为实现用户服务功能、满足用户需求所应具备的功能。智能交通系统结构决定了系统如何构成，确定了功能模块以及模块之间的通信协议和接口，它的设计必须包含实现用户服务功能的全部子系统的设计。

2. 智能交通系统体系结构组成

智能交通系统体系结构主要由用户服务、逻辑体系结构、物理体系结构等组成，其含义见表 4-2。

表 4-2　ITS 体系结构组成

组成	含　义
用户服务	从用户的角度对 ITS 能提供的服务内容进行描述
逻辑体系结构	从系统如何实现 ITS 服务的角度进行分析，给出 ITS 具有的功能及功能间数据流的关系
物理体系结构	把 ITS 逻辑功能落实到现实实体

（1）用户服务　ITS 体系结构中的用户服务部分主要用来明确智能交通系统的用户及用户需求，明确划分智能交通系统中各个子系统的用户，并且通过用户调查、访问等形式确定各个子系统的用户需求，对用户需求进行合理排序后指导实施顺序。

（2）逻辑体系结构　逻辑体系结构（有时也称为功能体系结构）是用来定义和描述一个系统为了满足一系列用户需求所必需的功能。智能交通系统的逻辑体系结构描述了 ITS 各个子系统的逻辑体系结构，满足其用户需求的功能及这些功能如何与外部世界联系起来，特别是与 ITS 使用者之间的联系，同时也表述了 ITS 中使用的数据。

（3）物理体系结构　物理体系结构描述了在逻辑体系结构中定义的功能如何被集成起来形成系统。物理体系结构将功能、信息和数据通信体系结构投影到一个物理基础设施集合上，它通过所选择的通用结构中的独立组件以及它们之间的接口来描述系统，为下一步系统的工程实现绘制框架蓝图。

3. 智能交通系统体系结构意义

对于 ITS 的总体规划和设计来说，最重要的任务就是 ITS 的系统体系结构开发（System Architecture Development）。美国、日本及欧盟等国家一直都在不断地研究智能交通系统体系结构，近年来，我国也逐渐日益重视，并颁布了一系列文件。由此可见，体系结构在智能交通系统中具有非常重要的意义，具体主要包含以下几点：

1）ITS 本身比较复杂，涉及面广，需要有一个指导性的框架来帮助我们理解这个系统的结构。

2）ITS 是一个庞大的系统，包含有很多子系统，它的实施需要通过这些子系统来实现，ITS 体系结构为 ITS 的各个部分提供了统一的接口标准，从而使各个部分便于协调，集成为一个整体。

3）避免少缺和重复，使 ITS 成为一个高效、完整的系统，并具有良好的扩展性。

4）根据国家总体 ITS 框架，发展地区性的体系结构，保证不同地区智能交通系统具有兼容性。

4.2.2 智能交通系统体系构建方法

世界各国开发 ITS 体系结构采用的方法主要有面向过程方法和面向对象方法两种。

1. 面向过程方法

面向过程的方法是以自上而下、逐步求精为基点，按照系统内部信息传递、变换的关系对系统进行结构化分析的方法，主要使用数据流图、数据流描述表、系统结构图、框架流描述表、实体关系图等对 ITS 体系框架进行描述。

具体来讲，首先确定对象或实体及其与其他对象之间的关系，然后确定每个对象执行的功能，围绕数据对象或实体组织功能，形成单一的相互关联的视图。"九五"国家科技攻关项目"中国 ITS 体系框架研究"（图 4-4）采用了面向过程的方法。该方法自然、直观、易于理解，已经在其他工程领域得到广泛应用。当不同的工程人员一起开发一个系统时（例如 ITS 系统的开发），面向过程的方法能够被广泛理解，所以一般优先使用这个方法。

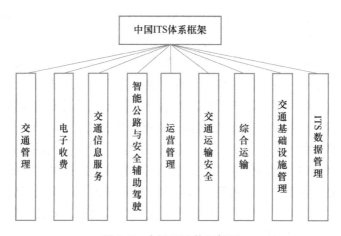

图 4-4   中国 ITS 体系框架

2. 面向对象方法

面向对象的方法是利用对象和类的概念对系统进行抽象分析，将功能（方法）与数据（属性）封装在一起，并具有继承特性。用面向对象方法开发的系统易于扩展和修改，但该方法操作起来比较复杂，而且可读性不强，不利于交流和讨论。

面向过程和面向对象的研究方法对比见表 4-3。

表 4-3　面向过程和面向对象的研究方法对比

比较因素	面向过程方法	面向对象方法	比　　较
思维方式	从功能进程的角度对 ITS 各项服务进行分析，认为 ITS 由各功能共同作用完成	从涉及对象的角度分析，认为 ITS 系统可由对象及其间关系组成	前者分析起来较为简单；后者则较符合人类认识世界的习惯
更新维护	当修改、新增服务时，需要按照框架开发步骤进行一遍操作，并要与已有内容相融合	当修改、新增服务时，找出相关的对象类等，对其中的内容进行修改	前者更新需要涉及整个框架内容的更新，容易遗漏；后者则是针对相关的对象类更改相关内容。相比之下，后者具有一定的优势
逻辑结构部分建模简易程度	主要通过数据流图表现其逻辑功能元素及其关系	需要建立对象模型、动态模型、功能模型才能描述清楚逻辑功能元素	前者较为简单，只相当于后者模型之一（功能模型）；后者逻辑建模相对复杂
模块化便利性	针对层次清晰的逻辑功能进行评价时，需要考虑所对应的用户服务	针对每项用户服务对应的逻辑功能元素进行分析，分析量很大	对逻辑功能元素进行模块化，需要对各逻辑功能元素的物理实现进行多方面的分析。工作量上后者较大些
物理结构方面	—	—	两者在物理结构构建上影响不大

4.3　智能交通系统技术构架

智能交通系统应用的技术主要有传感技术、智能决策技术、云计算技术和通信技术等。

4.3.1　传感技术

传感技术是智能交通系统进行数据采集的重要基础。智能交通系统能否有效地运行，关键取决于获得全面、准确和实时的动态交通信息。传感技术的发展和应用是提高交通信息采集的实时性、有效性和经济性的关键。传感技术主要用于车辆检测、车辆识别、车辆控制和危险驾驶警告等。在 ITS 中应用的传感器主要有环形线圈、压电传感器、红外传感器、微波检测器、超声波传感器、视频车辆检测器以及 RFID 等。

4.3.2　智能决策技术

智能决策技术是人工智能和决策支持系统相结合的产物，是智能交通系统的重要技术分支。在智能交通系统领域，智能决策技术主要用于对路网交通运行的三大特征，即交通容量、出行需求、交通状态进行分析计算，利用后台丰富的大数据以及车辆监测的道路反馈信息形成整合力，进一步提升车辆的安全与舒适性。

4.3.3 云计算技术

云计算具有分布式存储、超强计算能力、信息融合共享等优点。利用云计算的这些优点，可以构建智能交通系统云平台，实现交通信息从采集到发布全过程的优化，显著提高交通信息的时效性和准确性。目前，云计算技术已经在基于 GPS 的浮动车技术、短时交通流预测、最优路径诱导和交通信号控制等智能交通的各个领域得到应用，及时地向出行者发布动态交通信息、报告路况状态、指导出行计划和规划驾车线路，对综合交通的发展起到了积极的推动作用。

4.3.4 通信技术

通信可以定义为信息的传输和交换，一般利用通信系统（图4-5）进行传输。首先来自信息源的消息（语言、文字、图像或数据）在发送端先由末端设备（如电话机、电传打字机、传真机或数据末端设备等）变换成电信号，然后经发送端设备编码、调制、放大或发射后，把基带信号变换成适合在传输媒介中传输的形式；经传输媒介传输，在接收端设备进行译码并转换成受信者可接受的信息。在这个过程中主要涉及的通信技术有传输技术、交换技术和复用技术。

图4-5 点对点通信系统模型

1. 传输技术

依据传输媒介的不同，传输技术分为无线通信技术和有线通信技术。无线通信技术主要包括无线电广播、射频识别（RFID）、移动通信、红外线与超声波通信和微波通信等技术。有线通信技术主要包括电缆通信和光纤通信等技术，具体内容参见第 3 章。

需要特别说明的是，这些通信技术在 ITS 中并不都是独立存在的，很多技术相互渗透、相互交叉。另外，我国现在大多数高速公路通信网采用同步数字体系技术⊖，随着 ITS 的不断深入和科学技术的迅猛发展，特别是宽带综合业务数字网技术的兴起，高速公路上的通信网、计算机网和监控网三大网将合并成一个网，从而大大提高了通信效率和管理水平。

2. 交换技术和复用技术

交换技术是计算机网络中两个终端进行数据传输的方式，交换的作用在于借助交换设备实现通信线路的复用。当传输介质的带宽超过了传输单个信号所需的带宽，就通过

⊖ 同步数字体系技术是指不同速度的数位信号的传输提供相应等级的信息结构，包括复用方法和映射方法，以及相关的同步方法组成的一个技术体制。

在一条介质上同时携带多个传输信号的方法来提高传输系统的利用率，这就是所谓的多路复用。多路复用技术能把多个信号组合成一条物理信号通过一条物理信道进行传输，使多个终端能共享信道资源，提高信道的利用率，如图 4-6 所示。

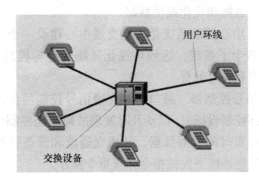

图 4-6　交换和复用

4.4　智能交通系统业务构架

智能交通主要应用在智能交通信号系统、智能交通信息平台、警务管理系统、高速公路卡口和 ETC、智能公交系统和智能停车系统等，如图 4-7 所示。

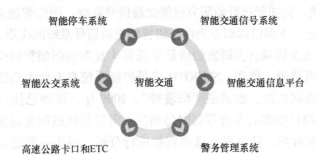

图 4-7　智能交通的应用

4.4.1　智能交通信号系统

智能交通信号系统是城市公安交通指挥系统的重要基础应用系统，其主要功能是自动协调和控制区域内交通信号灯的配时方案，从而均衡路网内交通流运行，使停车次数、延误时间及环境污染等减至最少，充分发挥道路系统的交通效益。必要时可通过指挥中心人工干预，直接控制路口信号机执行指定相位，强制疏导交通。

1. 智能交通信号系统组成

智能交通信号系统主要由前端信息采集系统、中心控制系统和路口终端交通信号控制器组成。

（1）前端信息采集系统　前端信息采集系统利用安装在路口各个车道的车辆检测器（视频、地磁），自动采集车辆到达信息，从而获得实时路口交通信息，并通过按预设时间间隔统计检测截面的交通流量、占有率、饱和度和车速等信息，对交通流量进行统计分析、报警分析、系统监视分析等。这些数据可以通过网络以标准的数据库文件或文本文件的形式传送到交通指挥中心的交通信息管理数据库中，以便做相应的综合统计分析以及为控制方案的生成、选择和优化提供数据。

（2）中心控制系统　中心控制系统是指在交通中心建设一个基于 GIS 的公共信息集成平台，通过整合集成各个子系统，达到可视化智能管理与控制和管理决策辅助支持，以及面向事件的联动控制和应急处置。

（3）路口终端交通信号控制器　路口终端交通信号控制器负责监视设备故障（检测器、信号灯以及其他局部控制设施），以便及时发现故障，向控制中心上报故障信息以便及时解决故障；负责收集实时的检测数据，并把交通流和设备性能等数据传送到中心控制系统；负责接收中心控制系统下发的指令并按指令操作。

2. 智能交通信号系统工作方式

智能交通信号系统的工作过程是通过埋设在道路交叉口的车辆检测器来判断车道使用情况，并根据中心平台对于相应车道、车流量的统计数据进行融合处理，最终获得适应变更交叉路口信号灯配时方案，实行绿波控制⊖，最大限度地保证道路交叉口的通行顺畅。

3. 智能交通信号系统应用

20 世纪 70 年代，我国就已开始研究智能交通信号系统，因此智能交通信号系统在城市中的应用较为广泛。下面以深圳市为例介绍智能交通信号系统的应用。

2003 年，深圳市交警局自主研发的满足交通需求发展的新型智能交通控制系统——SMOOTH 信号控制系统投入使用。SMOOTH 信号控制系统具有两大功能：一是自适应控制功能；二是区域协调功能，也就是“绿波带”。2009 年，深圳已使用自适应控制的有 40 多个路口，这些路口安装的车检器每时每刻都在向控制机返回交通量、占有率、空间平均速度等实时交通数据，控制机把这些数据进行分析，得出一套适合当前交通流量的配时方案。

据了解，此系统的应用有效提高了路口有效绿灯时间，早晚高峰通行能力提高了 8.9%，平均延误降低了 17%，高峰延续时间平均缩短 40min。此外，深圳还在特区内 58 条道路和特区外 25 条道路的路段设置了 125 个协调子区进行干线协调控制，道路的主要交叉口都在一定程度上形成了“绿波带”，对区域交通状态改善起到了明显的效果。

4.4.2　智能交通信息平台

智能交通信息平台是智能交通系统的重要组成部分，是交通信息智能化发展的基础和重点，其核心理念是交通信息一体化，核心价值是交通信息资源整合与综合应用。

⊖　将干道上一个个独立的单点交叉口通过某种方式联系起来进行统一协调控制，那么理论上就能实现车辆在经过干道上每个交叉口时，都在绿灯时间通过，这种控制方式称为干线交叉口信号协调控制，也就是绿波控制。

智能交通信息平台是为实现各 ITS 子系统间的数据共享、实现深层次的信息融合而提供的综合平台。该平台能够接收、存储和处理多源、异构数据，具有数据融合、数据挖掘的功能，并能够为各种应用子系统和公众提供完善的信息服务。它解决了智能交通系统各部门和系统间的信息共享和交互，实现了交通信息的综合和深层次的综合利用，为科学决策提供辅助支持，并可以提供准确、多样化的交通信息服务。

1. 智能交通信息平台构成

智能交通信息平台的构成包括数据层、应用逻辑层和用户界面层。

（1）数据层　数据层处于平台结构的最底层，为各类服务提供数据支持。

（2）应用逻辑层　应用逻辑层负责处理用户界面层的请求，完成业务逻辑计算任务，并把结果返回给用户。

（3）用户界面层　用户界面层是智能交通系统综合平台应用的用户接口部分，它担负着用户与应用服务器之间的对话功能。

一个完整的智能交通信息平台，还需要在以上三个层次的基础上至少添加包括以下几个模块：存放交通信息及与交通相关信息的综合信息数据库、交通地理信息基础支撑平台、接入/二次数据融合平台、信息加工/发布基础平台、专用通信网络平台、输入输出接口及接入模块、平台管理模块、ITS 设备监控/网管系统、系统仿真模块、交通决策支持平台。

2. 智能交通信息平台的工作方式

智能交通信息平台对交通运行的静态信息和动态信息进行实时采集，并通过整合视频、车辆动态位置、地理信息系统等信息，结合智能分析技术，实时监控交通行业的运行状况，及时优化交通运行，并为各级政府、各行业主管部门、社会公众和企业提供及时的综合交通信息服务。

3. 智能交通信息平台应用

早在 2010 年，北京、上海、广州、深圳等地就已陆续开展了交通信息平台的建设，并以信息平台为依托，逐步构建交通综合信息体系。下面以广州市为例进行介绍。

广州亚运智能交通信息平台系统由"一个平台、两大系统"组成。其中，广州智能交通基础信息平台实现了 GPS 定位、GPRS 数据传输、数据挖掘、移动信息发布、GIS-T 等高新技术在交通信息管理与服务的集成应用，整合了城市公交、城际交通和交通管理等方面的基础数据和运行数据。交通信息资源覆盖了地面公交、出租车、地铁、公路、民航、铁路、水运、交警视频、电子口岸等，实现了车辆监控调度、电子站牌信息发布、交通防盗防抢、羊城通支付和出租车电召等服务功能。

面向亚运会的广州综合交通信息服务系统向社会提供综合交通基础信息查询、出行规划、路况信息、导航信息、旅行时间预测等服务功能，可通过互联网站、呼叫中心、电子站牌、移动短信、触摸屏查询终端、调频广播 6 种方式为社会提供交通信息服务。

广州交通管理智能决策系统已作为广州交通管理业务系统投入运行，具备对 5 万辆营运车辆的在线监控和调度能力，实现了 17000 辆出租车、5000 多辆公交车以及危运车、执法车、客运车辆、散体物料车等 28000 辆营运车辆和 200 条公交线路的在线监测和调度，其中，出租车、公交车等营运车辆调度到位率达到 95%。同时，以"广州智能交通信息产业同盟"为载体，建立了"行讯通"交通信息服务市场化运营模式，目前广州移动开通的"行讯通"业务已进入试商用阶段，可以通过短信、彩信、WAP、USSD、12580 语音、手机导航、GPS 车载导航仪等方式，为出行者提供路况查询、路况定制、动态导航、路径规划等交通信息服务。

广州亚运智能交通信息平台系统的建成运行，有效地解决了各种交通方式信息"孤岛"、交通管理效率低、服务水平差等问题，进一步提高了广州地区交通运输的安全性、路网通行能力和运输效率，不仅增强了 2010 年广州亚运交通的保障能力，而且为百姓出行带来了更多的便利；同时还形成了符合市场需求的交通信息服务产业链，产业化前景良好，对于将广州建成为立足华南、面向东南亚的国际性综合交通枢纽和交通信息服务中心，具有重要的现实意义和战略意义。

4.4.3 警务管理系统

为了使警局的信息规范化，减轻警务信息管理人员的负担和提高信息传递效率，同时为了提高警局的信息科技化程度，更好地应对快速发展的社会需求，各地逐渐开始建立警务管理系统。随着科技的不断发展，移动警务管理系统顺应时代潮流应运而生，逐渐成为警务管理系统发展的趋势。因此，在此主要介绍移动警务管理系统。

移动警务管理系统是通过无线网络利用智能手机、PDA 或笔记本计算机等移动终端实现对公安内部网警务信息的访问来完成警务工作的信息化平台或软件。移动警务管理系统作为一种融合无线通信、数据库及计算机网络安全等多种前沿技术的系统，是公安综合信息查询系统的无线延伸，它包括移动终端、数据资源处理平台以及相应的互联网安全管控体系。

1. 移动警务管理系统组成

移动警务管理系统主要由移动终端设备、无线通信网络、公安移动接入网、系统运行服务器物理网闸、公安内部信息网络等组成。

2. 移动警务管理系统工作方式

一般来说，移动警务管理系统的应用模式是移动警务终端发出指令和数据，在经过加密端后，从移动公网到达公安移动接入网，然后经验证并将合法的 TCP/IP 数据包通过防火墙，接着经过身份认证、入侵检测和病毒检测后到达公安移动接入网内的应用服务器，重新进行封包处理后，再经由安全隔离设备到达公安信息网进行解包，经过解密端后，最终发送至公安信息网内的应用服务器，实现需要的应用及相关处理。产生的结果数据再沿着原路线返回，最后在移动终端解密并展现，如图 4-8 所示。

3. 移动警务管理系统应用

对于公安交通警务管理系统和手段的创新研究与实践，国内还处于刚刚起步的阶段。目前在国家和相关政府职能部门的主导下，国内部分经济发达的城市开始了智能公安交通管理的探索和建设工作，并取得了阶段性的成果。下面以合肥市公安局信息中心新一代移动警务系统为例进行介绍。

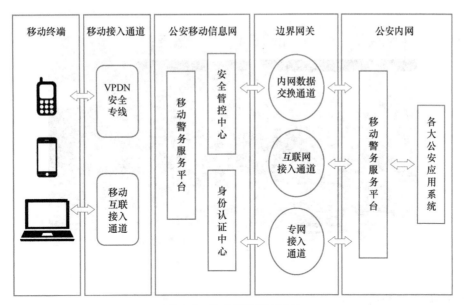

图 4-8　移动警务管理系统

2017 年，为实现专业化、智能化、精准化移动应用，创新警务模式和警务运行机制，打造智慧警务，提供可靠技术支撑，合肥市依据《全国公安移动警务建设总体技术方案（2016 版)》，按照"皖警智能移动警务系统"总体规划，构建新一代公安移动警务平台，建设公安移动信息网以及云架构模式部署联网服务子平台计算存储基础设施，搭建移动应用支撑服务平台和安全防护设施。此外，紧密依托公安网警务云数据中心，以智能语音、人像识别、增强现实、地理信息等技术为驱动，创新建设市级共性应用及警种专业应用 65 个。针对不同应用场景配备各类高效智能警务终端 7000 余台，配备率达 95%，全面支撑现场化移动执法办案、基础信息采集、可视化勤务指挥、便捷化社会服务管理等公安移动业务。2018 年以来，利用该系统报警在逃、前科、吸毒等各类人员 5600 余人，直接抓获各类违法犯罪人员 53 人，服务群众 40 次，实战效益显著。

4.4.4　高速公路卡口和 ETC

高速公路卡口是高速公路上交通治安卡口监控系统的简称，是指依托道路上特定场所，如收费站、交通或治安检查站等卡口点，对所有通过该卡口点的机动车辆进行拍摄、记录与处理的一种道路交通现场监测系统。

ETC（Electronic Toll Collection）为电子不停车收费系统（图 4-9），即车辆在通过收费站时不需要停车，通过车载设备实现车辆识别，在入口处自动写入信息并完成从预先绑定的 IC 卡或银行账户上扣除相应费用的操作。ETC 系统可降低车辆在收费站的滞留时间，有效缓解收费站拥堵的现象，降低油耗，减少废气的排放，降低对环境的不良影响。根据专业研究统计，ETC 车辆较传统 MTC（人工收费）车辆在通过收费站前后 300m 有效区域间的尾气减排量惊人，其中一氧化碳、二氧化碳排放分别减少 71.3%、48.9%，是国际上正在努力开发并推广普及的收费系统。

图 4-9　ETC 专用通道

1. ETC 系统组成

ETC 系统包括三大关键子系统：自动车辆识别系统、自动车型分类系统以及违章抓拍系统。ETC 系统构成如图 4-10 所示。

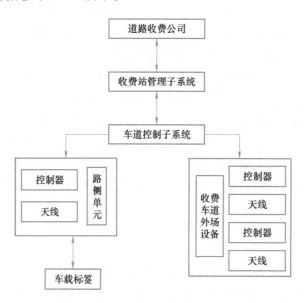

图 4-10　ETC 系统构成

（1）自动车辆识别系统　自动车辆识别系统（Automated Vehicle Identification System，AVIS）是一种当车辆通过检测点时，无须人为操作，能快速、准确地识别车辆身份信息的系统。目前电子不停车收费系统中的车辆识别技术主要以微波和红外技术为主，由于技术发展原因，微波方式的 ETC 已逐渐成为各国的主流。

（2）自动车型分类系统　自动车型分类系统（Automatic Vehicle Classification System，AVCS）是指根据已制定的车辆分类标准，对通过收费站的车辆进行信息采集，并根据这些信息对车辆进行自动分类，以便按照车型进行收费。

（3）违章抓拍系统（VES）　违章抓拍系统（Violation Enforcement System，VES）主要由摄像机、图像传输设备、车辆牌照自动识别系统等组成，用于对不带标志识别卡、强行闯关逃费等违章车辆进行抓拍，将相关信息存储记录，并传输到收费中心，以便事后进行责任追究。

2. ETC 的工作方式

ETC 收费系统的收费过程示意图如图 4-11 所示，ETC 的具体工作过程如下：

首先车主需购置电子标签，并交纳一定的储值。接着由系统向电子标签输入车辆的识别码（ID）与密码，在电子标签数据区中写入与本车相关的全部信息，如电子标签识别码、车牌号码、车辆型号、颜色、车主姓名与电话等，并将上述信息通过网络上传到收费系统中。然后将电子标签安装在车内前窗上，当车辆匀速驶入 ETC 收费车道入口处的天线发射范围时，处于休眠的电子标签受到微波刺激就会被唤醒转入工作状态。电子标签通过微波发出电子标签识别码和车型代码，天线接收信息确认电子标签有效后，以微波发出入口车道代码和时间信号等，并写入电子标签的存储器内。最后，当车辆驶入 ETC 车道出口处的天线发射范围，并经过相互认证识别后，天线将读取车辆代码、入口代码和时间传送给车道控制计算机。车道控制计算机存储原始数据，并将数据文件上传至收费站管理子系统与收费结算中心，从而自动完成收费，并打开自动栏杆让车辆通过。

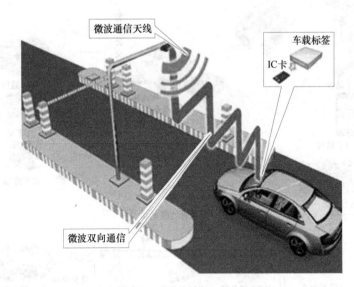

图 4-11　ETC 收费系统的收费过程示意图

3. ETC 系统应用案例

ETC 系统主要应用于道路、大桥、隧道和车场管理的电子收费系统。

我国 ETC 系统应用范围较广，北京、上海、江苏、江西等地早在 2008 年左右就已开通运营，并取得显著成效。以上海为例，上海自 2008 年底建成并运营 ETC 以来得到较快发展，尤其是 2015 年 ETC 实现全国联网后，服务水平进一步提升。2016 年，上海高速公路网日均车流量 106 万辆次，同比增长 12.3%，其中 ETC 流量达 33 万辆次（占总流量 31.1%），同比增长 28.7%。目前，上海共建设 ETC 车道 290 条，实现所有收费站全覆盖，发展用户逾 100 万；年内计划发展新用户 45 万，新增 ETC 车道 25 条，同时增设 3 处 ETC 服务网点，力争 2019 年底实现 ETC 流量占比达到高速公路车流总量50% 以上。

4.4.5 智能公交系统

智能公交系统是基于自动定位技术、无线通信技术、地理信息技术（GIS 技术）等技术的综合运用于一体，实现公交车辆的定位、线路跟踪、自动语音报站、班车路线管理、报表统计、班车路线统计、实时视频监控、车辆调度管理、调度排班、驾驶人管理、油耗管理等功能，以及公交线路的调配和服务能力，实现区域人员集中管理、车辆集中停放、计划统一编制、调度统一指挥，人力、运力资源在更大范围内的动态优化和配置，降低公交运营成本，提高调度应变能力和乘客服务水平，最终推动智慧交通与低碳城市的建设。

1. 智能公交系统组成

智能公交系统通常由智能公交调度管理系统、智能公交车载系统、智能公交服务系统等组成，如图 4-12 所示。

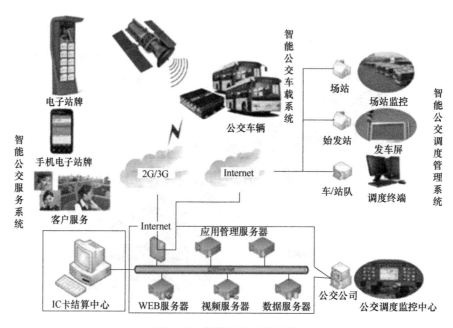

图 4-12　智能公交系统组成

（1）智能公交调度管理系统　智能公交调度管理系统用于实现对城市公交车辆、公交驾驶人及场站资源的规范化运行组织、运行监控与协同管理，包括智能公交调度管理平台（多级）及智能公交数据中心建设。

（2）智能公交车载系统　智能公交车载系统是智能公交系统重要的数据采集端，担负着车辆关键设备（如发动机、油箱、空调等）工作状态数据采集、车辆运行状态（如车速、位置、载客量等）数据采集职责，通常包含车载视频监控设备、GPS 定位设备以及发动机温度传感器、油箱油量传感器、车厢烟雾报警器等电子设备。

（3）智能公交服务系统　智能公交服务系统包括公交 IC 卡、电子站牌、客户服务等便捷的费用支付、信息发布、服务质量投诉受理类系统，是公众感受城市公交出行服务水平与服务质量的关键设施。

2. 智能公交系统工作方式

智能公交系统的工作过程首先是通过智能公交信息服务系统向用户提供公交信息，如乘车信息、行车时刻表信息、票价信息等；然后通过车载装置采集站点上、下车人数以及当前运行状态、位置、速度等信息，通过 GPRS 将站点客流信息发回信息中心，由信息中心完成对信息的存储、处理、压缩、预测等过程，并根据调度算法，生成各种预测数据（如到站时间）和调度指令（如加速、减速、正常运行等），通过 GPRS 发往各电子站牌和公交车载系统，同时信息中心将所有公交车辆的运行状态动态地显示在大屏幕上。

3. 智能公交系统应用

近几年，由于科学技术的进步和政府对公交投入力度的加大，国内智能公共交通系统已初见端倪。比如北京、上海、杭州、大连等城市已经在部分公交线路上建立了公交车辆跟踪调度系统，并且安装了电子站牌、车载 GPS 定位设备，实现了对车辆的实时跟踪和定位、公交车与调度室的双向通信，以及电子站牌上实时显示下班车位置信息等功能。下面以北京市为例介绍智能公交系统。

北京市公交总公司决定开展北京市公交总公司智能化调度系统总体方案设计及示范工程项目，它是我国第一个综合性的公交 ITS 项目。该系统通过调度指挥中心屏幕能监视线路上公交运营车辆、机动车辆、抢修车辆的动态位置情况；实现了区域调度中心和公司的实施通信；通过计算机网络中心数据库，实现对 IC 卡系统、车辆定位数据的共享，实现客运量、客运收入及运营生产过程信息的自动采集、传输，提高企业基础生产信息记录的客观性与真实性；通过电子显示技术实现线路站牌对运营车辆到达预报及位置信息的显示，提高公交的社会服务水平与服务质量。

总之，通过各种先进技术手段极大地提高了对公交运营车辆调度相关信息进行采集、传输、处理和输出显示的效率，实现了运营车辆优化的行车方案、调度监控、事故处理、紧急救援以及对乘客进行服务。

4.4.6　智能停车系统

智能停车系统采用的是远距离识别系统的无源射频卡技术，协助停车场完成停车收费的一种系统。智能停车系统是 ITS 的重要组成部分之一，其主要作用是对城市拥堵状况和道路占用过多的情况进行有效的缓解，提高停车设施利用率，减少车辆尾气排放量和降低噪声，对交通环境进行优化。

1. 智能停车系统组成

基于 RFID 技术的智能停车系统主要由车道子系统、站级子系统、应用服务子系统三个子系统组成。

（1）车道子系统 车道子系统就是位于各个停车场出入口的车道系统，这个系统主要包括以下终端设备：RFID 读写器、自动栏杆、LED 显示设备、费额显示器、车道摄像机等，如图 4-13 所示。

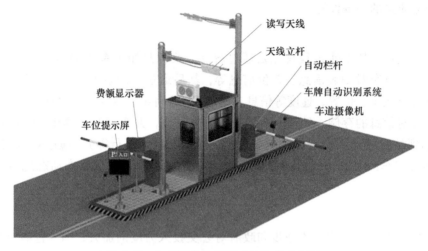

图 4-13 智能停车车道子系统组成示意图

（2）站级子系统 站级子系统的作用是管理单个停车场的各个出入口车道系统，对每个车道上的车辆出入情况及收费情况进行汇总。

（3）应用服务子系统 应用服务子系统的作用是对城市内所有单个停车场的站级子系统进行管理，统计并发布整个城市的车位资源情况，同时针对不同用户调整停车场费用以及切分费用，并提供增值服务，如车位预订等。

2. 智能停车系统工作方式

停车场管理系统运行过程是以用户停车取车的过程为基础的，停车场的工作流程也始终以用户车辆进、出停车场的流程为中心，如图 4-14 所示。停车场用户一般分为临时用户和固定用户两大类。当车辆驶入或驶出停车场天线通信区时，天线以微波通信的方式与车载射频卡进行双向数据交换，从射频卡上读取车辆的相关信息，自动识别射频卡并判断车卡是否有效和合法，车道控制计算机显示与该射频卡对应的车牌号码及驾驶人等资料信息。车道控制计算机自动将通过时间、车辆和驾驶人的有关信息存入数据库中，车道控制计算机根据得到的数据进行判断来做出放行或禁止的决策。

3. 智能停车系统应用

为提升停车设施利用率，缓解交通拥堵，我国北京、上海、广州、杭州等地都建设了智能停车系统，取得了一定的成效。下面以北京为例介绍智能停车系统的应用。

2012 年北京王府井地区智能停车诱导系统启动运营。该系统通过网络、手机、车载导航、交通台、路侧三色诱导屏等方式实时发布动态停车信息，可实现检索诱导、车位预定、错时停车等多种功能。王府井智能停车系统一期工程已连通 6 家大型停车场，覆盖

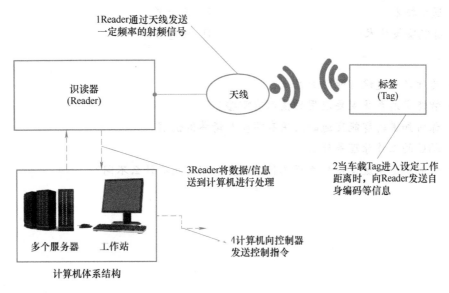

图 4-14　智能停车系统工作过程图

2000 余个车位，占王府井地区可开放停车位总数的 70% 以上，极大地提高了停车场的服务质量和车辆通行效率。

习 题

1. 判断题

1）我国智能交通系统建设虽然起步较晚，但是经过不断发展，已在数字地图和车载导航设备方面有了很大的进步。　　　　（　　　）

2）智能公交系统主要由智能公交调度管理系统、自动车辆识别系统和服务系统组成。　　　　（　　　）

3）先进的交通管理系统需要在完善的信息网络基础上建立。　　　　（　　　）

4）ETC 系统主要是通过传感技术来实现的。　　　　（　　　）

5）面向对象的方法一般是智能交通系统体系构建时常用的方法。　　　　（　　　）

2. 选择题

1）（　　　）主要用于提高对突发交通事件的反应能力，提高交通事件应急的资源调度能力并优化资源配置。

A. 先进的公共交通系统　　　　　　B. 先进的交通信息系统

C. 交通紧急救援系统　　　　　　　D. 先进的车辆控制系统

2）下列（　　　）不属于 ETC 系统组成。

A. 违章抓拍系统　　　　　　　　　B. 自动车型分类系统

C. 车道子系统　　　　　　　　　　D. 自动车辆识别系统

3）智能交通系统主要通过（　　　）进行数据采集。

A. 通信技术   B. 云计算

C. 智能决策技术   D. 传感技术

3. 思考题

1）为什么要建设智能交通系统？

2）智能交通系统主要应用的技术有哪些？

3）你所知道的智能交通的应用有哪些？请举例说明。

4）ETC 的工作原理是什么？

5）智能交通系统体系构建有几种方法？它们之间有什么不同？

智能网联汽车与大数据

5.1　大数据基本知识

　　大数据成为热门趋势，因为大数据时代能够很好地量化消费者的决策过程，分析消费者的生活习惯和方式。有多少人在浏览经销商网站？不同的车辆关注的消费者有哪些区别？数据会给你答案。数据可以帮助企业在适当的时机，以适当的方式，把适当的信息传递给适当的目标客户，并获得预期的效果。越来越多的品牌厂商和广告营销机构都在发力以大数据为基础的网络营销模式，这些变化也在不断地向传统的汽车电子营销领域发起进攻，尤其是智能网联汽车最为强势。

5.1.1　大数据简介

　　大数据采集技术是指从射频终端、传感器、互联网节点和移动网络节点等方式输入，获得的结构化、半结构化及非结构化的海量数据的过程。常见的大数据采集方法包括系统日志采集、网络数据采集以及数据库采集。

大数据的抽取技术可以将采集到的多结构数据转化为单一的或便于分析的结构数据，大数据的清洗技术可以去除大数据中不具备分析价值、干扰项及与目标无关的数据。常见的大数据抽取及清洗技术包括 ETL 数据仓库技术以及利用 Spark 框架清洗特殊数据、分析数据源和业务场景模型背景等手段。

数据挖掘技术就是从大量不完全的、有噪声模糊的、随机的实际应用数据中，提取隐含在其中人们事先不知道的但又是潜在有用的信息和知识的过程，常见的数据挖掘方法包括机器学习方法、统计方法、神经网络方法和数据库方法。根据挖掘任务又可分为分类或预测模型发现、数据总结、聚类、关联规则发现、序列模式发现、依赖关系或依赖模型发现、异常和趋势发现等。

1. 大数据特征

大数据是无法在一定的时间内用常规软件工具或方式对需要的内容进行抓取、管理和处理的数据集合。其具有规模庞大（Volume）、种类繁多（Variety）、变化频繁（Velocity）以及价值密度低（Value）等特征，业内也称为"4V"特征。

（1）规模庞大　规模庞大是对于数据集相对于现有的计算和存储能力而言，规模庞大。在大数据刚刚提出的时候，大家认为 PB 级的数据就可以称为"大数据"，但这并不绝对。一方面，随着存储和计算技术的进步，以及互联网上用户生成内容的增加、大量传感器实时获取数据的增加，这一判断依据也在变化；另一方面，有些数据集虽然没有达到 PB 级，但在其他特征方面具有很强的大数据集特点。数据量大到一定程度，必然对数据的获取、传输、存储、处理、分析等带来挑战。

（2）种类繁多　种类繁多是指在大数据面对的应用场景中，数据种类多。这一方面体现在面向一类场景的大数据集，可能同时覆盖结构化、非结构化、半结构化的数据；另一方面，也体现在同类数据中的结构模式复杂多样。例如，一个处理城市交通数据的大数据应用，覆盖的数据类型就可能包含结构化的车辆注册数据、驾驶人信息、城市道路信息等，也包含半结构化的各类文档数据和非结构化的交通路口摄像头数据等。数据类型多样往往导致数据的异构性，进而加大数据处理的复杂性，对数据处理能力提出了更高的要求。

（3）变化频繁　变化频繁是指数据所刻画的事物状态在频繁、持续地变化。数据来源于对现实世界和人的行为的持续观察。如果希望在数据基础上对客观世界加以研究，就必须保持足够高的采样率，以确保能够刻画现实世界的细节。速度（Velocity）体现在大数据上，就是数据集必须是"活的"，数据集持续、快速更新，体现在大数据集应当具有持续的数据获取和更新能力，不断反映大数据所描述的客观世界和人的行为的变化。在技术上，体现在数据生成、采集、存储及处理必须考虑到时效性要求，实现实时数据的处理。

（4）价值巨大但价值密度低　价值巨大但价值密度低是指在大数据中，通过数据分析，在无序数据中建立关联可以获得大量高价值的、非显而易见的隐含知识，从而具有巨大价值。这一价值体现在统计特征、事件检测、关联和假设检验等各个方面。但另一方面，数据的价值并不一定随数据集的大小增加而增加。对于一个特定分析问题，大数据中可能包含大量的"无用数据"，有价值的数据会淹没在大量的无用数据中，因而有

"价值密度低"的说法。因此，在计算上，如何度量数据集的价值密度，如何针对应用问题快速定位有价值的数据，并从中挖掘出有价值的数据，是大数据计算的核心问题之一。

在此基础上，还有一些学者在大数据的"4V"特征基础上增加了其他提法，形成大数据的所谓"5V"特征。例如前面提到，IBM 就从获取的数据质量的角度，将真实性或准确性（Veracity）作为大数据的特征，着重说明大数据面临的数据质量挑战。从互联网或传感器获得的关于真实世界和人类行为的数据中，可能存在各类噪声、误差，甚至是虚假、错误的数据，有些情况下也会有数据缺失。数据的真实性，则强调数据的质量是大数据价值发挥的关键。其实，无论是"4V"还是"5V"，都是从定性的角度刻画数据集本身的一些特征。这些特征对发现事实、揭示规律并预测未来提出了新的挑战，并将对已有计算模式、理论和方法产生深远的影响。

2. 大数据的作用和意义

在全球信息化快速发展的大背景下，大数据已成为国家重要的基础性战略资源，正引领新一轮科技创新。对网络信息空间大数据的挖掘和应用将创造出巨大的商业和社会价值，并催生科学研究模式的变革，对国家经济发展和安全具有战略性、全局性和长远性意义，是重塑国家竞争优势的新机遇。充分利用我国的数据规模优势，实现数据规模、质量和应用水平同步提升，发掘和释放数据资源的潜在价值，有利于更好地发挥数据资源的战略作用。

在经济方面，大数据成为了经济发展和转型的推动力。其一，因大数据的采集、分析和应用需要高端的技术、大量的资金、不同特征的人才来完成，故产生了相匹配的技术流、物质流、资金流、人才流，从而影响了社会分工协作的组织模式，促进生产组织方式的集约和创新。其二，大数据推动社会生产要素的网络化共享、集约化整合、协作化开发和高效化利用，改变了传统的生产方式和经济运行机制，可显著提升经济运行水平和效率。其三，大数据持续激发商业模式创新，不断催生新业态，已成为互联网等新兴领域促进业务创新增值、提升企业核心价值的重要驱动力。著名国际咨询机构 Gartner 在2012 年发布的报告中预测，通过对大数据的挖掘处理，能够获取巨大的商业价值，到2016 年，全球大数据相关产业的规模将达到 2320 亿美元。例如：阿里巴巴凭借其电子商务平台的大量交易数据，提前 8~9 个月预测出 2008 年的金融危机；百度通过对超过 4 亿用户的搜索请求及交互数据的挖掘分析，建立用户行为模型，在提供个性化智能搜索和内容推荐的同时，取得了我国互联网搜索市场的领先地位。以共享单车、各类专车等城市出行领域的共享经济应用，显著地改善了供需的共享、集约化整合与协作水平，促进了资源的有效利用。而大数据在传统工业和制造业领域的应用则有助于帮助制造企业打通产业链，延伸产品的价值链条，并支持产品更快的升级迭代和更好的个性化服务。

在社会方面，大数据成为提升政府治理能力的新途径、社会安全保障的新领地。大数据应用能够揭示传统技术方式难以展现的关联关系，推动政府数据开放共享，促进社会事业数据融合和资源整合，将极大地提升政府整体数据分析能力，为有效处理复杂社会问题提供新的手段。建立"用数据说话、用数据决策、用数据管理、用数据创新"的管理机制，实现基于数据的科学决策，将推动政府管理理念和社会治理模式进步，加快建设与社会主义市场经济体制和中国特色社会主义事业发展相适应的法治政府、创新政府、廉洁政府和服务型政府，逐步实现政府治理能力现代化。在社会安全保障方面，有了百度或谷歌，就可以分析掌握用户的浏览习惯；有了淘宝或亚马逊，可以分析掌握用户的购物习惯；有了新浪微博或 Twitter，就可以了解用户的思维习惯及其对社会的认知。而且，对微博等网络信息空间大数据的挖掘能够及时反映经济社会动态与情绪，预警重大、突发和敏感事件（如流行疾病暴发、群体异常行为等），协助提高社会公共服务的应对能力，对维护国家安全和社会稳定具有重大意义。

在科研方面，大数据成为科学研究的新途径。借助对大数据的分析研究，能够发现医学、物理、经济和社会等领域的新现象，揭示自然与社会中的新规律，并预测未来趋势。例如，2009 年谷歌的科研人员在《自然》杂志撰文，通过对每日超过 30 亿次的用户搜索请求及网页数据的挖掘分析，在甲型 H1N1 流感爆发的几周前就预测出流感传播。2010 年《经济学人》周刊发表封面文章，也提出了"数据泛滥（Data Deluge）为科研带来新机遇"的观点。而《自然》《科学》相继出版了"Big Data"和"Dealing with Data"的专刊，许多国际著名期刊和会议均专门研究大数据的相关问题，在国际上引发了新一轮科研热潮。

5.1.2　大数据处理技术架构

从技术架构的角度，大数据处理平台可划分为四个层次：数据采集层、数据存储层、数据处理层和服务封装层，如图 5-1 所示。

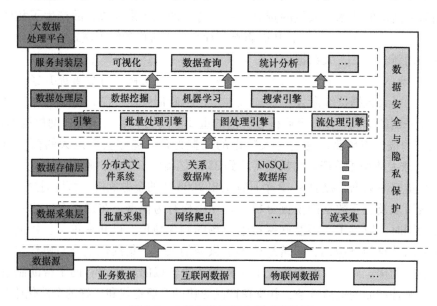

图 5-1　大数据处理平台技术架构图

1. 数据采集层

数据采集层主要负责从不同的数据源采集数据。常见的数据源包括业务数据、互联网数据、物联网数据等。对于不同的数据源，通常需要不同的采集方法。对于存储在业务系统中的数据，一般采用批量采集的方法，一次性地导入到大数据存储系统中。对于互联网上的数据，一般通过网络爬虫进行爬取。对于物联网产生的实时数据，一般采用流采集的方式，动态地添加到大数据存储系统中或是直接发送到流处理系统进行处理分析。

2. 数据存储层

数据存储层主要负责大数据的存储和管理工作。大数据处理平台中的原始数据通常存放在分布式文件系统（例如 HDFS）或是云存储系统（例如 Amazon S3、Swift 等）。为了便于对大数据进行访问和处理，大数据处理平台通常会采用一些非关系型（NoSQL）数据库对数据进行组织和管理。针对不同的数据形式和处理要求，可以选用不同类型的非关系型数据库。常见的非关系型数据库有键值（Key-Value）存储数据库（例如Redis）、列存储数据库（例如 HBase）、文档型数据库（例如 MongoDB）、图（Graph）数据库（例如 Neo4J）等。

3. 数据处理层

数据处理层主要负责大数据的处理和分析工作。针对不同类型的数据，一般需要不同的处理引擎。对于静态的批量数据，一般采用批量处理引擎（例如 MapReduce）。对于动态的流式数据，一般采用流处理引擎（例如 Storm）。对于图数据，一般采用图处理引擎（例如 Giraph）。基于处理引擎提供的各种基础性的数据计算和处理功能，大数据处理平台中通常会有一些提供复杂数据处理和分析的工具，例如数据挖掘工具、机器学习工具和搜索引擎等。

4. 服务封装层

服务封装层主要负责根据不同的用户需求对各种大数据处理和分析功能进行封装并对外提供服务。常见的大数据相关服务包括数据的可视化、数据查询分析和数据的统计分析等。

除此之外，大数据处理平台一般还包括数据安全和隐式保护模块，这一模块贯穿大数据处理平台的各个层次。

5.2　大数据在智能网联汽车上的应用

5.2.1　大数据在智能网联汽车产业的应用

智能网联汽车后市场业务的发展，需要通过大数据技术进行大规模机器学习和深度学习等技术，对驾驶行为数据、车辆性能数据、车辆从开发到销售的一系列数据以及车主人物画像、基于网联车辆的互联网行为等数据进行处理、分析和挖掘，提取数据中所包含的对不同行业有价值的信息和知识，使数据智能化，并通过建立模型寻求个性化保险、个性化销售、流程优化、个性化产品等行业市场的解决方案以及实现预测等。

1. 在研发方面的应用

智能网联汽车已经成为每一个汽车企业的目标。然而，现在的应用其实只是入门级。如何能让汽车真正转型为所谓数据中心、计算中心和控制中心呢？这就和大数据本身的价值意义密切相关。

以上汽通用2020~2025规划为例，上汽通用将在2020年推出V2X技术，配合国家的智慧城市战略，推动车联万物（V2X）技术开发。搭载了V2X技术的车辆可以快速与周边的对象（包括基础设施，如交通灯、测速仪，以及周边车辆等）进行通信，在用户尚未看到风险前就采取措施，极大地提升了车辆行驶的安全性；一体化座舱系统也将在2020年得到应用：将中控显示系统与仪表显示系统合二为一，结合曲面屏技术，可以更好地贴合造型的需要；而根据2025车联网战略规划，上汽通用已投入5G超高速网络技术开发，预计将于2021~2025年投入应用，届时将为用户带来更顺畅的移动互联网体验，同时也将为V2X的开发提供基础支持。其他诸如超级个人助理、智能抬头显示以及自动驾驶等也将在2021~2015年实现应用。这些强大功能的实现都离不开背后的巨大的数据收集及处理。

2. 在汽车制造方面的应用

利用买车、卖车、用车、维保大数据在造车领域的应用的还是传统车企，4S模式就是这方面应用最好的案例。4S包括整车销售（Sale）、零配件（Sparepart）、售后服务（Service）和信息反馈（Survey），而最后这个S（Survey）信息反馈就是大数据的应用。虽然说传统车企的车型升级比较缓慢，但这些大数据是它们升级、改造或开发新车型的重要依据。

互联网在汽车领域应用越来越多，汽车变得更加智能。除了传统的车企结合互联网技术不断更新自己的技术以外，互联网企业也加入了造车的风潮，如乐视超级汽车LeSEE无人驾驶概念车、智车优行、蔚来汽车、车和家智能电动车等。互联网造车强调的是通过互联网与用户的参与积累大数据，为其造车提供具体的依据和在其车辆销售流通领域的参与的全过程。

3. 在营销领域的应用

从搜索引擎、社交网络的普及到人手一机的智能移动设备，互联网上的信息总量正以极快的速度不断暴涨。每天在Facebook、Twitter、微博、微信、论坛、新闻评论、电商平台上分享的各种文本、照片、视频、音频、数据等信息高达几百亿甚至几千亿条，这些信息涵盖着商家信息、个人信息、行业资讯、产品使用体验、商品浏览记录、商品成交记录、产品价格动态等海量信息。这些数据通过聚类可以形成汽车行业大数据，其背后隐藏的是汽车行业的市场需求、竞争情报，蕴藏着巨大的财富价值。

大数据在汽车营销领域应用众多，如产品、渠道、价格、顾客、行情等，但最为重要的包含两个方面：一是通过获取数据并加以统计分析来充分了解市场信息，掌握竞争者的商情和动态，知晓产品在竞争群中所处的市场地位，达到"知己知彼，百战不殆"的目的；二是企业通过积累和挖掘汽车行业消费者档案数据，有助于分析顾客的消费行为和价值取向，便于更好地为消费者服务和发展忠诚顾客。

以汽车行业在对顾客的消费行为和取向分析方面为例，如果企业平时善于积累、收集和整理消费者的消费行为方面的信息数据，如消费者购买产品的花费、选择的产品渠道、偏好产品的类型、产品使用周期、购买产品的目的、消费者家庭背景、工作和生活环境、个人消费观和价值观等，并建立消费者大数据库，便可通过统计和分析来掌握消费者的消费行为、兴趣偏好和产品的市场口碑现状，再根据这些总结出来的行为、兴趣爱好和产品口碑现状制定有针对性的营销方案和营销策略，投消费者所好，那么带来的营销效果是可想而知的。因此，可以说大数据中蕴含着出奇制胜的力量，如果企业管理者善于在市场营销中加以运用，将会成为汽车行业市场竞争中立于不败之地的利器。

4. 在服务领域的应用

大数据在汽车服务领域的应用。以保险公司为例，保险工作早前会通过 OBD 或者其他的智能盒子来收集车主的驾驶行为数据，如果一个人从来不违章，那么给他的保险就可以打很低的折扣，对于经常违章发生车祸的车主，那么就可以拒保，这样不仅能增进投保数量，更能增进保险的质量。再者就是车辆的使用时间和闲置时间，可以为分时租赁提供数据。

看一下具体案例，Metromile 公司利用汽车监控设备颠覆了定价模式，实现按驾驶里程收取保费的模式，自 2012 年 6 月产品推出，目前已经被数千位美国用户使用。它的里程定价模式是基于车载信息设备（汽车监控）的技术，通过用户安装的设备追踪行驶里程而缴纳保费。用户只需每月支付 15 ~ 40 美元的固定费用以及 2 ~ 6 美分/mile⊖的使用费即可。操作时只要将赠送的节拍器安装到仪表板就可以正常开车。它并不考量怎么开车，而关心开车距离。此类保险在服务行驶量不大、尚未充分服务的细分板块中有很大空间。平均计算，可为一位年行驶里程在 10000mile 的驾驶人节省 40% 的费用。

还有一些保险公司为客户提供新型商业解决方案。例如，美国利宝互助保险公司（Liber ty Mutual）为公司或大型车队提供 GPS 跟踪监控设备。企业用户将该设备安装在汽车上，可通过设备回传的里程数、车速、加速情况和位置等信息，帮助车队监控并改善驾驶人的驾驶习惯，进一步开展车辆安全管理，从而有效控制风险并做好保费决策，同样可以提升公司效率和用户的保费基数。

另外，还有一些保险公司提供车辆盗窃找回及事故援助服务。例如，英国的 Insure-thebox 公司，将含有 GPS、运动传感器、SIM 卡和计算机软件的盒子装在汽车上，通过 GPS 技术追踪定位失窃车辆，协助用户找回。当盒子检测到车辆撞击或意外事故时，该公司会给用户打电话，确定用户人身安全。紧急情况下，还会呼叫应急救援部门参与救援。盒子里的数据也可协助用户分析车辆损失情况和保费精算情况。

5. 在交通智能化领域的应用

随着云计算的不断发展，大数据的受关注程度也越来越高，而基于大数据在技术上、在应用上的强大功能，被引用到了智能交通的管理中，通过理论、方法和技术等来改善城市交通存在的问题。大数据的智慧交通存在多种优势，利用大数据技术和智能分析技术，整合城市管理的其他数据，将可以真正推动智慧交通的发展。基本上可以在四个方面得到具体的应用：一是提供城市道路的通行能力，缓解交通压力；二是有效降低交通事故的发生概率；三是可以有力打击各类交通违章和违法行为；四是提供给车主最为直

⊖　1mile = 1609. 344m。

接的、实时的交通信息服务。

5.2.2 大数据在智能网联汽车产业中的处理流程

智能网联汽车产业的大数据处理流程主要包括数据收集、数据预处理、数据存储、数据探索与分析、数据展示/数据可视化、数据分享与保密等环节，其中数据质量贯穿于整个大数据流程，每一个数据处理环节都会对大数据质量产生影响。通常，一个好的大数据产品要有大的数据规模、快速的数据处理、精确的数据分析与预测、优秀的可视化图表以及简练易懂的结果解释，以下内容将基于以上环节分别分析不同阶段大数据的处理方式和应用。

1. 数据收集

数据采集是指从真实世界对象中获得原始数据的过程。数据采集的过程要充分考虑其产生主体的物理性质，同时要兼顾数据应用的特点。由于数据采集的过程中可以使用的资源（如网络带宽、传感器节点能量、网站 token 等）有限，需要有效设计数据采集技术，从而在有限的资源内使得有价值数据最大化、无价值数据最小化。同样由于资源的限制，数据采集过程不可能获取数据描述对象的全部信息，因而需要精心设计数据采集技术，使得采集数据和现实对象的偏差最小化。由于有些应用对采集数据的数据质量和时效性有着明确要求，例如在无人驾驶中，传感器可以帮助车辆识别道路、人、环境，若采集数据时效性或者准确性过低，则无法帮助车辆准确地完成安全驾驶。对于这样的场景，需要能够可靠、有时效性保证地采集高质量的数据。根据数据采集方式的不同，数据采集又可以大致分为基于拉（pull-based）和基于推（push-based）的两种方法。其中，基于拉的数据由集中式或分布式的代理主动获取；而基于推的方法，数据由源或第三方推向数据汇聚点。

目前，常用的数据采集方法有四种：用于采集物理世界信息的传感器、用于采集数字设备运行状态的日志文件、用于采集互联网信息的网络爬虫以及用于采集人所了解信息的众包和群智感知技术。在智能网联汽车中采用的有传感器、日志文件和众包。

（1）传感器 传感器常用于测量物理环境变量并将其转化为可读的数字信号以待处理。传感器按照接收的媒介不同，可以分为声音传感器、光线传感器、化学传感器、电流传感器、天气传感器、压力传感器、温度传感器和距离传感器等，每种传感器功能可能是多重的，也可能是单一的。传感器可以通过有线或无线网络将信息传送到数据采集点。有线传感器网络通过网线收集传感器的信息，这种方式适用于传感器易于部署和管理的场景。

另一方面，无线传感器网络利用无线网络作为信息传输的载体，适合于没有能量或通信的基础设施的场合。WSNS（无线传感器）通常由大量微小传感器节点构成，微小传感器由电池供电，被部署在应用制定的地点收集感知数据。当节点部署完成后，基站将发布网络配置/管理或收集命令，来自不同节点的感知数据将被汇集并转发到基站以待处理。

基于传感器的数据采集系统被认为是一个信息物理系统。实际上，在科学实验中许多用于收集实验数据的专用仪器（如磁分光计、射电望远镜等），可以看作是特殊的传感器。从这个角度看，实验数据采集系统同样是一个信息物理系统。

（2）日志文件　日志是广泛使用的数据采集方法之一，由数据源系统产生，以特殊的文件格式记录系统的活动。几乎所有在数字设备上运行的应用使用日志文件非常有用，例如 Web 服务器通常要在访问日志文件中记录网站用户的点击、键盘输入、访问行为以及其他属性。有三种类型的 Web 服务器日志文件格式用于捕获用户在网站上的活动：通用日志文件格式（NCSA）、扩展日志文件格式（W3C）和 IIS 日志文件格式（Microsoft）。所有日志文件格式都是 ASCII 文本格式。数据库也可以用来替代文本文件存储日志信息，以提高海量日志仓库的查询效率。在智能网联汽车中，基于日志文件的数据采集包括汽车故障发生节点和记录。

和物理传感器相比，日志文件可以看作是"软件传感器"，许多用户实现的数据采集软件都属于这类。

（3）众包　"众包"是一种分布式的问题解决模式，指的是一个公司或者机构、平台把过去由固定人员完成的工作任务，以自由自愿的形式外包给（通常指网络上的）非特定大众的做法。而"非特定大众"通过网络登录这些众包平台即可接受和完成任务。众包模式尤其适合大数据中无法界定学科界限的问题研究，可以用作数据采集，将搜集数据的任务外包给人来完成，通过大量参与的用户来获取恰当的数据。如果普通用户的移动设备作为基本感知单元，通过网络通信形成感知网络，从而实现感知任务分发与感知数据收集，完成大规模、复杂的社会感知任务，则称为群智感知。比如，车辆环境感知系统需要从车辆自身感知和网络通信来获取数据，而网络通信是从周边车辆、道路设备来获得数据，这些数据最终都会汇聚到车辆感知系统，从而实现路径规划、路障规划等功能。

2. 数据预处理

从数据本身来说，数据源具有多样性，数据集也因为干扰、冗余和一致性因素的影响，导致质量出现不同。从需求的角度看，一些数据分析工具和应用对数据质量有着严格的要求。因此，在大数据系统中需要数据预处理技术来提高数据的质量。以下为三种常用的数据预处理技术：

（1）数据集成　数据集成技术在逻辑上和物理上把来自不同数据源的数据进行集中，为用户提供一个统一的视图。数据集成在传统的数据库研究中是一个成熟的研究领域，如数据仓库和数据联合方法。数据仓库又称为 ETL，由三个步骤构成：

1）提取：连接源系统并选择和收集必要的数据用于随后的分析处理。

2）变换：通过一系列的规则将提取的数据转换为标准格式。

3）装载：将提取并变换后的数据导入目标存储基础设施。

数据联合则创建一个虚拟的数据库，从分离的数据源查询并合并数据。虚拟数据库并不包含数据本身，而是存储了真实数据及其存储位置的信息或元数据。

（2）数据清洗　数据清洗是指在数据集中发现不准确、不完整或不合理的数据，并对这些数据进行修补或移除以提高数据质量的过程。一个通用的数据清洗框架由五个步骤构成：定义错误类型、搜索并标识错误实例、改正错误、文档记录错误实例和错误类型、修改数据录入程序以减少未来的错误。

此外，格式检查、完整性检查、合理性检查和极限检查也在数据清洗过程中完成。数据清洗对保持数据的一致和更新起着重要的作用，因此被用于如银行、保险、零售、电信和交通的多个行业。在电子商务领域，尽管大多数数据通过电子方式收集，但仍存在数据质量问题。影响数据质量的因素包括软件错误、定制错误和系统配置错误等。

数据清洗对随后的数据分析非常重要，因为它能提高数据分析的准确性。但是数据清洗依赖复杂的关系模型，会带来额外的计算和延迟开销，必须在数据清洗模型的复杂性和分析结果的准确性之间进行平衡。

（3）冗余消除　数据冗余是指数据的重复或过剩，这是许多数据集的常见问题。数据冗余无疑会增加传输开销，浪费存储空间，导致数据不一致，降低可靠性。因此许多研究提出了数据冗余减少机制，例如冗余检测和数据压缩。这些方法能够用于不同的数据集和应用环境，提升性能，但同时也带来一定风险。

由广泛部署的监控摄像头收集的大量图像和视频数据存在着时间、空间和统计上的冗余。视频压缩技术被用于减少视频数据的冗余，许多重要的标准（如 MPEG-2、MPEG、H. 263、H. 264/AVC）已被应用以减轻存储和传输的负担。对于普遍的数据传输和存储，数据去重技术是专用的数据压缩技术，用于消除重复数据的副本。在存储去重过程中，一个唯一的数据块或数据段将分配一个标识并存储，该标识会加入一个标识列表。当去重过程继续时，一个标识已存在于标识列表中的新数据块将被认为是冗余的块。该数据块将被一个指向已存储数据块指针的引用替代。

去重技术能够显著地节约存储空间，对大数据存储系统具有非常重要的作用。除了前面提到的数据预处理方法，还有一些对特定数据对象进行预处理的技术，如特征提取技术，在多媒体搜索和 DNS 分析中起着重要的作用。这些数据对象通常具有高维特征矢量。

数据变形技术则通常用于处理分布式数据源产生的异构数据，对处理商业数据非常有用。然而，没有一个统一的数据预处理过程和单一的技术能够用于多样化的数据集，必须考虑数据集的特性、需要解决的问题、性能需求和其他因素选择合适的数据预处理方案。

3. 数据存储

大数据通常指的是那些数量巨大、难以收集/处理/分析的数据集，也包括那些在传统基础设施中长期保存的数据。大数据存储是将这些数据集持久地保存到服务器中。

（1）大数据存储方式

1）分布式系统。分布式系统包含多个自主的处理单元，通过计算机网络互连来协作完成分配的任务，其分而治之的策略能够更好地处理大规模数据分析问题。其主要包含以下两类：

① 分布式文件系统。存储管理需要多种技术的协同工作，其中文件系统为其提供最底层存储能力的支持。分布式文件系统 HDFS 是一个高度容错性系统，被设计成适用于批量处理、能够提供高吞吐量的数据访问。

② 分布式键值系统。分布式键值系统用于存储关系简单的半结构化数据。典型的分

布式键值系统有 Amazon Dynamo。获得广泛应用和关注的对象存储技术（Object Storage）也可以视为键值系统，其存储和管理的是对象而不是数据块。

2）NoSQL 数据库。关系型数据库已经无法满足 Web2.0 的需求。其主要表现：无法满足海量数据的管理需求、无法满足数据高并发的需求、高可扩展性和高可用性的功能太低。NoSQL 数据库的优势：可以支持超大规模数据存储，灵活的数据模型可以很好地支持 Web2.0 应用，具有强大的横向扩展能力等。典型的 NoSQL 数据库包含键值数据库、列族数据库、文档数据库和图形数据库。

3）云数据库。云数据库是基于云计算技术发展的一种共享基础架构的方法，是部署和虚拟化在云计算环境中的数据库。云数据库并非一种全新的数据库技术，而只是以服务的方式提供数据库功能。云数据库所采用的数据模型可以是关系数据库所使用的关系模型（微软的 SQLAzure 云数据库都采用了关系模型）。同一个公司也可能提供采用不同数据模型的多种云数据库服务。

（2）大数据存储技术路线

1）MPP 架构的新型数据库集群。采用 MPP（Massive Parallel Processing）架构（图 5-2）的新型数据库集群，重点面向行业大数据，采用 Shared Nothing 架构，通过列存储、粗粒度索引等多项大数据处理技术，再结合 MPP 架构高效的分布式计算模式，完成对分析类应用的支撑。其运行环境多为低成本 PC Server，具有高性能和高扩展性的特点，在企业分析类应用领域获得极其广泛的应用。

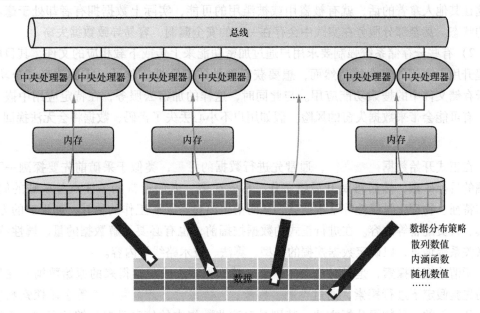

图 5-2　MPP 架构图

这类 MPP 产品可以有效支撑 PB 级别的结构化数据分析，这是传统数据库技术无法胜任的。对于企业新一代的数据仓库和结构化数据分析，目前最佳选择是 MPP 数据库。

2）基于 Hadoop 的技术扩展。基于 Hadoop 的技术扩展和封装，围绕 Hadoop 衍生出相关的大数据技术，应对传统关系型数据库较难处理的数据和场景，例如针对非结构化数据的存储和计算等，充分利用 Hadoop 开源的优势，伴随相关技术的不断进步，其应用场景也将逐步扩大，目前最为典型的应用场景就是通过扩展和封装 Hadoop 来实现对互联网大数据存储、分析的支撑。对于非结构和半结构化数据处理、复杂的 ETL（Extract-Transform-Load）流程、复杂的数据挖掘和计算模型，Hadoop 平台更擅长。

3）大数据一体机。大数据一体机是一种专为大数据的分析处理而设计的软、硬件结合的产品，由一组集成的服务器、存储设备、操作系统、数据库管理系统以及为数据查询、处理、分析用途而特别预先安装及优化的软件组成。高性能大数据一体机具有良好的稳定性和纵向扩展性。

（3）大数据存储安全　大数据可通过云计算平台存储在云端，在基于云计算的大数据存储架构中，数据安全问题是云存储的一个重要问题。用户数据在云存储中可能会出现窃取、丢失等现象，给企业和用户带来不同程度的经济损失。一般来说，基于云计算的云端数据存储方法，如果采取数据托管的应用模式，也就是说，将数据托管在网络运营商等商业机构提供的云服务器中，采用云端安全接入技术，用户通过有效的账户名和密码可对数据进行访问，根据其权限进行存取等操作，但仍可能存在下列风险：

1）对不同用户的数据，云存储系统都会有特定密钥进行编码，如若未编码会造成数据信息混乱。加密钥匙除了能够由服务本身储存之外，也能通过个人用户进行储存。在使用密码登录的时候，服务系统可对密钥进行直接访问，自动解锁数据以便使用。因此用户自己保管密钥比较便捷。但也存在另一个问题就是自己保管安全性较差，如果普通钥匙让其他人拿着的话，就有被盗用或被滥用的可能，实际上数据拥有者却处于毫不知情的状态。甚至部分服务在实践中会存在一定的安全漏洞，容易导致数据失窃。

2）有些云存储系统强制要求用户通过加密功能来上传或下载相应的文件，其目的在于提升用户密钥的安全性。然而，想要获得额外的安全性能的话，需要放弃部分功能，如云存储文件中的搜索功能应用。与此同时，这样的加密云服务，在特定应用中嵌入的话，有可能会带来数据失窃的风险。假如用户不小心丢失了密码，数据将会无法挽回。

4. 数据探索与分析

在正式开始数据挖掘之前，通常先进行数据的探索，类似于采矿前先要探测一下要挖掘的目标矿藏，然后再展开后续工作。探索矿藏，人们通常的关注点是矿藏的储量、分布特征、物理化学属性等基本信息，从而衍生出对于采矿工作的估计，如采矿的方式、工具、人员配备等内容。在进行正式的数据挖掘前，也有必要了解数据的量、属性特征、关联关系等信息，以确定数据挖掘的模型、算法、技术路线等内容。

所谓数据的探索，是指对已有的数据（特别是调查或观察得来的原始数据）在尽量少的先验假定下进行探索，通过作图、制表、方程拟合、计算特征量等手段探索数据的结构和规律的一种数据分析方法。特别是对这些数据中的信息没有足够的了解，不知道该用何种传统统计方法进行分析时，探索性数据分析就会非常有效。

探索性数据分析强调灵活地探求线索和证据，重在发现数据中可能隐藏着的有价值的信息，如数据的分布模式、变化趋势、可能的交互影响、异常变化等。下面将介绍数据探索常用的方法和技术，以达到对现有数据进行重新分类整理，最终以合适的方式展现的目的。

对数据进行统计是从定量的角度去探索数据，也是最基本的数据探索方式，其主要目的是了解数据的基本特征。其立足的重点是关注数据从统计学上反映的量的特征，以便更好地认识这些将要被挖掘的数据。

（1）数据探索与统计　基本描述性统计：假设有一个容量为 n 的样本（即一组数据），记作 $x = (x_1, x_2, \cdots, x_n)$，需要对它进行一定的加工，才能提取有用的信息。统计量即加工得到的、反映样本数量特征的函数，不含任何的未知量。下面介绍几种常用的统计量。

1）表示位置的统计量：算术平均值和中位数。

算术平均值（简称均值）用以描述数据取值的平均位置，记作 $\bar{x}$。其数学表达式为

$$\bar{x} = \frac{1}{n} \sum_{i=1}^{n} x_i \tag{5-1}$$

另有一种加权算术平均值，为原始数据经过分组，已编成次数分布数列情况下的数据计算。设数据 x_i 的权值为 f_i，其数学表达式为

$$\bar{x} = \frac{1}{n} \sum_{i=1}^{n} x_i f_i \tag{5-2}$$

算术平均数的特点是易于理解和运算，但是受极端数值的影响较大。解决的途径是采取切尾平均法以及采用不受其他极端值影响的平均数。

中位数是将数据由小到大排序后位于中间位置的那个数值。中位数的特点是不受极端值的影响并且主要用于定序数据，也可以用于定矩数据，但不能用于定类数据。

2）表示数据散度的统计量：标准差、方差和权差类数据。

标准差 S 定义为

$$S = \sqrt{\frac{1}{n-1} \sum_{i=1}^{n} (x_i - \bar{x})^2} \tag{5-3}$$

它是各个数据与均值偏离程度的度量，反映了数据波动范围的大小。式（5-3）中对 n 个 $(x_i - \bar{x})$ 平方求和，却被 $(n-1)$ 除，这是出于无偏估计的要求。

方差是标准差的平方，数学表达式为 $\sigma = S^2$，其作用与标准差类似。

极差是样本中最大值与最小值的差，是从变动范围测度总体数据的离散程度，其计算公式为

$$R = x_{\max} - x_{\min} \tag{5-4}$$

极差的特点是计算简单，容易理解。但同时它也过于粗略，受极端值的影响大，且数据的利用率低，信息丧失严重，受抽样变动大。

3）表示分布形状的统计量：偏度和峰度。

如图 5-3 所示，偏度反映分布的对称性，偏度 $V > 0$ 称为右偏态，此时数据位于均值右边的比位于左边的多；偏度 $V < 0$ 称为左偏态，此时数据位于均值左边的比位于右边的多；而 V 接近于 0 则可认为分布是对称的。偏度的数学表达式如下

$$V = \frac{1}{n} \sum_{i=1}^{n} \left(\frac{x_i - \bar{x}}{\sigma} \right)^3 \tag{5-5}$$

如图 5-4 所示，峰度是分布形状的另一种度量，正态分布的峰度为 3，若峰度 K 比 3

大得多，则表示分布有沉重的尾巴，说明样本中含有较多远离均值的数据，是为扁平分布；若峰度 K 比 3 小，则表明分布集中，为尖峰分布。因而峰度可以用作衡量偏离正态分布的尺度之一。峰度的数学表达式为

$$K = \frac{1}{n} \sum_{i=1}^{n} \left(\frac{x_i - \bar{x}}{\sigma} \right)^4 \tag{5-6}$$

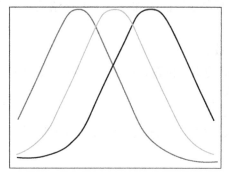 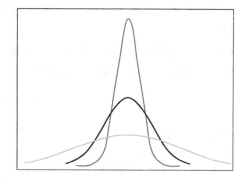

图 5-3　偏度示意图　　　　　　　　图 5-4　峰度示意图

　　随机变量的特性完全由它的（概率）分布函数或（概率）密度函数来描述。设有随机变量 X，其分布函数定义为 $X \leq x$ 的概率，即 $F(x) = P(X \leq x)$。若 X 是连续型随机变量，则其密度函数 $p(x)$ 与 $F(x)$ 的关系为

$$F(x) = \int_{-\infty}^{x} p(x) \, \mathrm{d}x \tag{5-7}$$

　　柱状分布图是频数分布图，频数除以样本容量 n，称为频率。n 为充分大时，频率是概率的近似，因此柱状分布图可以看成是密度函数图形的（离散化）近似。

　　（2）数据挖掘与应用　数据挖掘是一个从大量数据中抽取出未知的、有价值的模式或规律等知识的复杂过程。数据挖掘作为一个新兴的多学科交叉应用领域，正在各行各业的决策支持活动中扮演着越来越重要的角色。随着信息技术的迅速发展，各行各业都积累了海量异构的数据资料。这些数据往往隐含着各种各样有用的信息，仅仅依靠数据库的查询检索机制和统计学方法很难获得这些信息，迫切需要将这些数据转化成有用的信息和知识，从而达到为决策服务的目的。

　　数据本来只是数据，直观上并没有表现出任何有价值的知识。使用数据挖掘方法，从数据中挖掘出知识后，需要判断这种知识是否可信。为了说明这种知识是可信的，现在来简要介绍一下数据挖掘的原理。

　　数据挖掘的实质是综合应用各种技术，对于业务相关的数据进行一系列科学的处理，在这个过程中需要用到数据库、统计学、应用数学、机器学习、可视化、信息科学、程序开发以及其他学科。其核心是利用算法对处理好的输入/输出数据进行训练，并得到模型；再对模型进行验证，使得模型能够在一定程度上刻画出数据由输入到输出的关系；然后利用该模型，对新输入的数据进行计算，从而得到新的输出。这个输出就可以进行解释和应用了。这种模型虽然不容易解释或很难看到，但它是基于大量数据训练并经过验证的，因此能够反映输入数据和输出数据之间的大致关系——这种关系（模型）就是

需要的知识。可以说，这就是数据挖掘的原理。从中可以看出，数据挖掘是有一定科学依据的，这样挖掘的结果也是值得信任的。

1）数据挖掘工具及方式。目前，在众多可用于数据分析与挖掘的工具中，既有专业的工具，也有非专业的工具，既有昂贵的商业软件，也有免费的开源软件。下面将对常用的数据挖掘工具进行简单的介绍。

① R 语言。R 是开源编程语言和软件环境，被设计用来进行数据挖掘分析和可视化。在执行计算密集型任务时，在 R 环境中还可以调用 C、C + 和 Fortran 编写的代码。此外，专业用户还可以通过 C 语言直接调用 R 对象，R 语言是 S 语言的一种实现。而 S 语言是由 AT&T 贝尔实验室开发的一种用来进行数据探索、统计分析、作图的解释型语言。最初 S 语言的实现主要是 S- PLUS。但 S- PLUS 是一个商业软件，相比之下开源的 R 语言更受欢迎。R 是用于统计分析、绘图的语言和操作环境。R 是属于 GNU 系统的一个自由、免费、源代码开放的软件，它是一个用于统计计算和统计制图的工具。它可以运行于 UNIX、Windows 和 Macintosh 的操作系统上，而且嵌入了一个非常方便实用的帮助系统。R 语言有以下优点：R 是自由软件，是完全免费的、开放源代码的，可以在它的网站及其镜像中下载任何有关的安装程序、源代码、程序包、文档资料；R 是一种可编程语言，作为一个开放的统计编程环境，语法通俗易懂，很容易学会和掌握；所有 R 的函数和数据集是保存在程序包里面的，只有当一个包被载入时，它的内容才可以被访问。一些常用的基本的程序包已经被收入了标准安装文件中，随着新的统计分析方法的出现，标准安装文件中所包含的程序包也随着版本的更新而不断变化——有 2400 个程序包，涵盖了基础统计学、社会学、经济学、生态学以及生物信息学等方面。

② Rapid Miner。Rapid Miner 是用于数据挖掘、机器学习、预测分析的开源软件。提供的数据挖掘和机器学习程序包括数据加载和转换（ETL）、数据预处理和可视化、建模、评估和部署。数据挖掘的流程是以 XML 文件加以描述，并通过一个图形用户界面显示出来。Rapid Miner 是由 Java 编程语言编写的，其中还集成了 Weka 的学习器和评估方法，并可以与 R 语言进行协同工作。Rapid Miner 中的功能均是通过连接各类算子（Operator）形成流程（Process）来实现的，整个流程可以看作是工厂车间的生产线，输入原始数据，输出模型结果。算子可以看作是执行某种具体功能的函数，不同算子有不同的输入/输出特性。Rapid Miner 具有丰富的数据挖掘分析和算法功能，常用于解决各种商业关键问题，如营销响应率、客户细分、客户忠诚度及终身价值、资产维护、资源规划、预测性维修、质量管理、社交媒体监测和情感分析等典型的商业案例。

③ SQL。结构化查询语言（Structured Query Language，SQL）是一种具有特殊目的的编程语言，是一种数据库查询和程序设计语言，用于存取数据以及查询、更新和管理关系数据库系统，同时也是数据库脚本文件的扩展名。结构化查询语言是高级的非过程化编程语言，允许用户在高层数据结构上工作。它不要求用户指定对数据的存放方法，也不需要用户了解具体的数据存放方式，所以具有完全不同底层结构的不同数据库系统，可以使用相同的结构化查询语言作为数据输入与管理的接口。结构化查询语言语句可以嵌套，这使得它具有极大的灵活性和强大的功能。1986 年 10 月，美国国家标准协会对 SQL 进行规范后，以此作为关系式数据库管理系统的标准语言（ANSX3. 135—1986），

1987 年在国际标准化组织的支持下成为国际标准。

④ Python。Python 是一种面向对象的解释型计算机程序设计语言，由荷兰人 Guido Var Rossum 于 1989 年发明，公开发行于 1991 年。Python 是纯粹的自由软件，源代码和解释器 Cpython i 遵循 GPL（General Public License）协议。

Python 以开发效率著称，它致力于以最短的代码完成任务。Python 还被称为"胶水语言"，允许用户可以把耗时的核心部分用 C、C++等高效率的语言编写，然后由它来"粘合"，这将很大程度上解决 Python 的运算效率问题。在大多数数据任务上，Python 的运行效率已经可以媲美 C/C++语言。Python 在数据科学领域占据越来越重要的地位。Python 最大的数据处理优势就是有很多相关的程序库可以安装，调用后即可被用户使用。Python 数据分析与挖掘的相关拓展库见表 5-1。

表 5-1　Python 数据分析与挖掘的相关拓展库

扩 展 库	简 介
Numpy	矩阵计算与其他大多数框架的数据处理基础。提供大量函数，同时提供数组和矩阵两种数据类型
Scipy	提供矩阵支持，以及矩阵相关的数值计算模块
Pandas	基于 Numpy 构建的含有更高级数据结构和工具的数据分析包。提供 Series 和 Dataframe 架构
Matplotlib	强大的数据可视化工具、作图库
Statsmodele	统计建模和计量经济学，包括描述统计、统计模型估计和推断
Scikit-learn	支持回归、分类、聚类等强大的机器学习库
NLTK	自然语言处理的工具包

Scikit-learn 也被提到是经常用到的数据分析工具之一，而 Scikit-learn 是 Python 下一个强大的机器学习工具包。

⑤ Excel。Excel 是微软的 Office 办公软件的核心组件之一，提供了强大的数据处理、统计分析和辅助决策等功能。在安装 Excel 的时候，一些具有强大功能的分析数据的扩展插件也被集成了，但是这些插件需要用户的启用才能被使用，这其中就包含了分析工具库（Anlyasis ToolPak）和规划求解向导项（Solver Add-in）等插件。

⑥ Hadoop。Hadoop 是一个实现了 MapReduce 计算模型的开源分布式并行编程框架。MapReduce 的概念来源于 Google 实验室，它是一个简化并行计算的编程模型，适用于大规模集群上的海量数据处理，目前最成功的应用是分布式搜索引擎。Hadoop 原来是 Apache Lucene 下的一个子项目，最初是从 Nutch 项目中分离出来的专门负责分布式存储以及分布式运算的项目，由 HDFS、MapReduce、HBase、Hive 和 ZooKeeper 等成员组成。其中，HDFS 和 MapReduce 是两个最基础、最重要的成员。

HDFS 用于解决海量数据存储问题，支持大数据文件，文件分块存储，并且具有高可靠性和容错性，数据能够自动复制，可自我修复。

MapReduce 是一种编程模型，是一种编程方法。通过 MapReduce，可以很容易地在 Hadoop 平台上进行分布式的计算编程，加快数据处理速度，提高效率。Hadoop 具有以下主要特点：

a. 扩容能力（Scalable）。能可靠地存储和处理千兆字节（PB）数据。

b. 成本低（Economical）。可以通过普通机器组成的服务器群来分发以及处理数据。这些服务器群总计可达数千个节点。

c. 高效率（Efficient）。通过分发数据，Hadoop 可以在数据所在的节点上并行地处理它们，这使得处理非常快速。

d. 可靠性（Reliable）。Hadoop 能自动地维护数据的多份复制，并且在任务失败后能自动地重新部署计算任务。

⑦ Spark。Spark 最初由美国加州伯克利大学（University of California，Berkeley）的 AMP 实验室于 2009 年开发，是基于内存计算的大数据并行计算框架，可用于构建大型的、低延迟的数据分析应用程序。2013 年，Spark 加入 Apache 孵化器项目后发展迅猛，如今已成为 Apache 软件基金会最重要的三大分布式计算系统（Hadoop、Spark、Storm）开源项目之一。Spark 具有如下几个主要特点：

a. 运行速度快。使用 DAG 执行引擎以支持循环数据流与内存计算。

b. 容易使用。支持使用 Scala、Java、Python 和 R 语言进行编程，可以通过 Spark Shell 进行交互式编程。

c. 通用性。Spark 提供了完整而强大的技术，包括 SQL 查询、流式计算、机器学习和图算法组件。

d. 运行模式多样。可运行于独立的集群模式中，可运行于 Hadoop 中，也可运行于 Amazon EC2 等云环境中，并且可以访问 HDFS、Cassandra、Hbase、Hive 等多种数据源。

Spark 的设计遵循"一个软件栈满足不同应用场景"的理念，逐渐形成了一套完整的生态系统，既能够提供内存计算框架，也可以支持 SQL 即时查询、实时流式计算、机器学习和图计算等。Spark 可以部署在资源管理器 YARN 之上，提供一站式的大数据解决方案。因此，Spark 所提供的生态系统足以应对上述三种场景，即同时支持批处理、交互式查询和流数据处理。Spark 生态系统组件的应用场景见表 5-2。

表 5-2 Spark 生态系统组件的应用场景

应用场景	时间跨度	其他框架	组件
复杂的批量数据处理	小时级	MapReduce、Hive	Spark
基于历史数据的交互式查询	分钟级、秒级	Impala、Dremel、Drill	Spark SQL
基于实时数据流的数据处理	毫秒、秒级	Storm、S4	Spark Streaming
基于历史数据的数据挖掘	—	Mahout	MLlib
图结构数据的处理		Pregel、Hama	GraphX

2）数据挖掘的应用。以用户出行行为分析为例，用户出行行为分析包含了出行时间、出行里程、出行速度、出行频次、出行结构、空间特征 6 大类 22 项参数。例如，利用空间特征数据和出行时间、出行强度等数据可以分析出某一个用户属于上班族还是网约族，进而建立每一辆车的动态出行标签。图 5-5 所示为上海 A_{00} 级纯电动汽车次均出行里程分布。

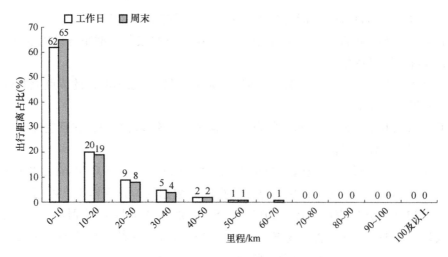

图 5-5　上海 A_{00} 级纯电动汽车次均出行里程分布

纯电动汽车（BEV）用户每次平均行驶里程为 13.5km，工作日单次平均行驶里程为 13.7km，稍高于周末的 12.9km。从上海 BEV 用户的次均行驶里程分布可以看出，次均行驶集中在短途出行，行驶距离在 10km 以内的超过 60%；工作日单次行驶 30km 以内的出行累计占比 91%，周末单次行驶 30km 以内的出行累计占比 92%；工作日和周末的次均行驶里程分布特征基本趋同。因此，通过对不同城市汽车用户次均和日均出行数据的分析研究，可以帮助智能网联汽车实现出行最优路线规划，进而解决城市拥堵问题。

（3）数据分析与处理　在完成数据挖掘之后，需要对数据进行分析和处理，目前使用的处理技术包含了云计算技术、多源数据预处理技术、HDFS 数据存储技术、数据加密与隐私保护技术。

1）云计算技术。云计算（Cloud Computing）是分布式处理、并行处理和网格计算的发展，或者说是这些计算机科学概念的商业实现，如图 5-6 所示。

移动电话　　　　　　　　　　个人计算机和笔记本计算机　　　企业计算机和服务器

图 5-6　云计算实现示意图

云计算和智能网联汽车都是当代科技迅猛发展的高新技术产物。一方面云计算需要从概念构想走向应用实践，另一方面智能网联汽车的大量交通数据需要强大的支撑平台对其进行处理分析，因此，云计算和智能网联汽车的结合可以实现优势互补，具有十分重要的应用价值。云计算与智能网联汽车相结合需要解决的关键技术主要包括基于云计算的交通数据处理、基于云计算的交通信息应用和基于云计算的交通信息安全等。基于云计算的智能网联汽车信息服务体系示意图如图 5-7 所示。

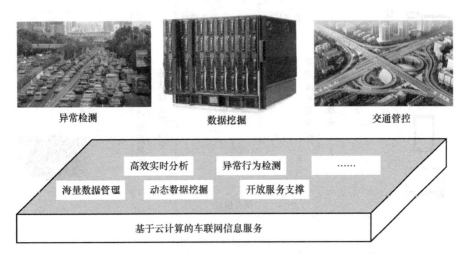

图 5-7　基于云计算的智能网联汽车信息服务体系示意图

① 基于云计算的交通数据处理。为保证高可用性、高可靠性和经济性，云计算一般采用分布式存储的方式存储数据，并采用冗余存储的方式（即同一份数据存储多个副本）进一步保证存储数据的可靠性。大部分云计算都采用由 Hadoop 团队开发的 HDFS 数据存储技术。交通数据具有数据信息量大、数据波动严重、信息实时处理性高、数据共享性高、可用性和稳定性高等特点，这对交通数据的存储、处理和管理提出了很高的要求。交通云的数据存储技术的重点主要集中在超大规模的数据存储、数据加密、安全性保证和提高 I/O 速率等方面。如何设计出适合交通云数据存储的技术是个亟待解决的课题。

云计算强大的计算能力能对庞大、复杂而又无序的交通数据进行分析处理，然而非云计算技术人员并不能很好地利用这些资源，因此，建立一个完善的云计算平台是目前广泛研究的技术难点之一。而基于云计算平台的交通数据建模和索引、交通数据的分布式处理和融合交通流动态预测也将是未来交通云研究的重点方面。

云计算对大量的交通数据进行处理分析并向用户提供服务必须以可靠、高效的数据管理技术为基础。云系统的数据管理一般采用数据库领域中列存储的数据管理模式，将数据表按列划分后存储。当前应用比较广泛的是谷歌提出的 Big Table 数据管理技术。Big Table 采用列存储的方式，能极大地提高数据读取效率，但也存在一些缺点，如表内的数据格式单一、数据难以切割存储等。结合 Big Table 技术创新地提出新的云计算数据管理技术是云计算研究的重点之一。此外，如何提高对规模巨大的交通信息数据进行更新的速率，也是云计算数据管理技术必须解决的问题。

② 基于云计算的交通信息应用。云计算提供的服务按照其应用模式可分为基础设施即服务（IaaS）、平台即服务（PaaS）和软件即服务（SaaS）。IaaS 提供给用户的服务是对所有设施的利用，包括处理、存储、网络及其他基本的计算资源，用户能够部署和运行任意软件，包括操作系统和应用程序。PaaS 提供给用户的服务是能够将用户自己开发的应用程序部署到供应商的云计算基础设施上去。SaaS 提供给用户的服务是让用户能通

过网络设备访问供应商提供的应用程序和软件等。云计算 SPI 模型如图 5-8 所示。

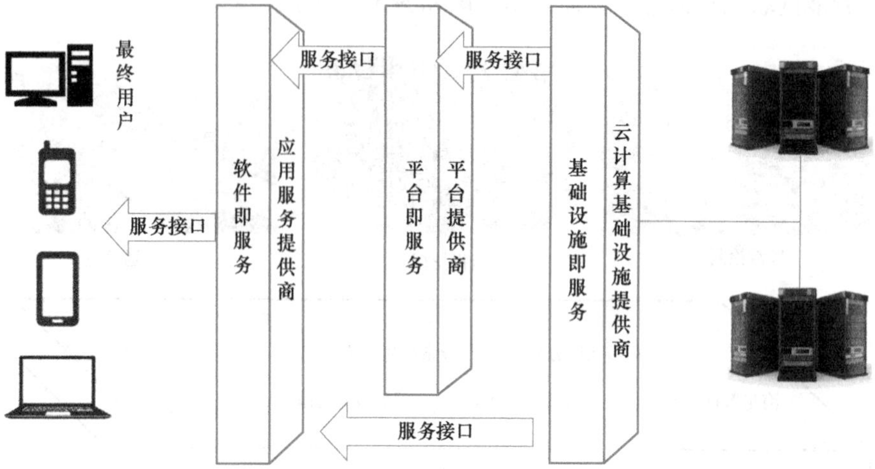

图 5-8　云计算 SPI 模型

交通云领域中已经提出了地理信息服务、信息发布服务、出行诱导服务等 SaaS 服务。这些云服务尚处于起步阶段，在应用过程中存在或多或少的问题，且只涉及云服务的 SaaS 服务层。从长远来看，构建的交通云中 IaaS、PaaS 和 SaaS 的应用缺一不可。如何提供基层的 IaaS 服务和如何为交通管理者提供研发新的交通管理软件平台的 PaaS 服务，将是当前交通云研究的热点问题。此外，如何建立起完整的三级云计算服务体系并将这些服务付诸实际应用，将是交通云技术研究的重难点之一。

③ 基于云计算的交通信息安全。云计算由于其用户和信息资源的高度集中，带来的安全事件后果与风险也较传统应用高出很多。交通信息的安全性直接关系到整个交通网络的命脉，信息安全一旦出现了问题，其后果将不堪设想。交通云的信息安全主要有交通数据存储安全问题、交通云平台可用性安全问题和云平台遭受攻击的安全问题等。解决交通云安全的主要方法是将交通云构建成混合云；将交通数据中心搭建成私有云，并将基础架构虚拟化，通过虚拟架构查看、监控、管理虚拟资源，实现远程控制；将面向公众的交通信息服务平台构建成公共云，向公众提供各种交通信息服务，并在私有云和公共云之间设置防火墙，有效地防止数据中心与外界相连，如图 5-9 所示。更深一步的有关交通云信息安全的措施则需进一步研究。

2）多源数据预处理技术。从采集源传来的数据可能由于传输设备故障、路面交通状况的异常而造成信息不全或存在错误的数据，所以需要对这些数据进行预处理。车联网中会有多种类型感知设备的感知数据，对应于同一交通参数的信息，通过对多源异构数据进行预处理，可以减小后续数据处理的复杂度和数据处理量，通过多源异构数据之间的相互校验、相互补充，可以增加多源异构数据预处理后参数的可信度。

综上所述，在防止错误数据方面，首先要通过预处理检索、定位出奇异数据，分析该数据的正确性，若为错误数据，则剔除该数据，然后根据历史同期数据统计分布规律，差值补充上合理数据；在防止数据的丢失方面，首先要通过预处理得到所缺少的数据项，然后根据历史同期数据的统计分布规律，差值补齐。

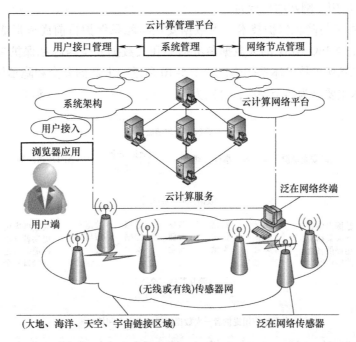

图 5-9 云计算的交通信息安全技术

3）HDFS 数据存储技术。HDFS 即分布式并行文件系统。分布式并行文件系统是计算机网格上有效进行数据管理的工具。被设计为将海量文件存储在一个大集群的多台计算机上，HDFS 的设计是受到了 GFS 的启发。HDFS 将每一个文件以分块序列的形式进行存储，一个文件的所有分块除去最后一个分块外都是等大小的。为了实现容错，将文件分块进行自动复制。文件分块的块大小和复制比例都是可以按照单个文件进行配置的。HDFS 中的所有文件都是"只写一次"，并且严格限定在任何时候只有一个写文件操作者。

HDFS 是 Hadoop 框架的分布式并行文件系统，是分布式计算的存储基石。它负责数据分布式存储及数据的管理，并能提供高吞吐量的数据访问。HDFS 的基本特征如下：

a. 对于整个集群有单一的命名空间。

b. 文件会被分割成多个文件块，每个文件块被分配存储到数据节点上，而且根据配置会有复制的文件块来保证数据安全性。

c. 数据一致性。适合一次写入多次读取的模型，客户端在成功创建文件之后，才能看到文件的存在。

d. Hadoop，包括 HDFS，非常适合在廉价机器上的分布式存储和分布式处理。它是容错的、可伸缩的，非常易于扩展。并且，以简单性和适用性著称的 MapReduce 是 Hadoop 不可缺少的重要组成部分。

e. HDFS 的默认配置适合于大多数安装的应用。通常情况下，只有在一个非常大规模的集群上才需要修改默认配置。

f. 支持 shell 命令行风格的 HDFS 目录交互。

g. HDFS 是用 java 编写的，可广泛运行在多种软、硬件平台上。

h. HDFS 经常性地实现新的特性和改进。

HDFS 一般应用于网站用户行为数据存储、生态系统数据存储、气象数据存储等场合。

（4）数据加密与隐私保护技术　大数据安全与隐私保护目前尚未形成达成共识的技术体系，本节结合 ISO NIST 的大数据参考框架和大数据安全与隐私保护参考框架，提出大数据安全和隐私保护技术体系架构，如图 5-10 所示。大数据安全和隐私保护技术体系中的安全防护技术主要分为四个层次，分别为设施层、数据层、接口层和系统层安全防护。

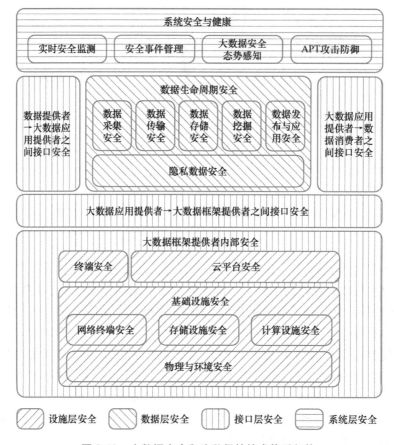

图 5-10　大数据安全和隐私保护技术体系架构

设施层安全防护主要应对终端、云平台和大数据基础设施设备的安全问题，包括平台崩溃、设备失效、电磁破坏等。采用的关键安全防护技术主要有终端安全防护技术、云平台安全防护技术和大数据基础设施安全防护技术等。大数据基础设施安全主要对大数据的网络设施、存储设施、计算设施以及其物理环境进行保护。

数据层安全防护主要解决数据处理的生命周期带来的安全问题，包括情报窃取、数据篡改、数据混乱等。采用的关键安全防护技术包括数据采集安全技术、数据存储安全技术、数据挖掘安全技术、数据发布与应用安全技术、隐私数据保护安全技术等。

接口层安全防护主要解决大数据系统中数据提供者、数据消费者、大数据处理提供者、大数据框架提供者、系统协调者等角色之间的接口面临的安全问题，包括隐私泄露、不明身份入侵、非授权访问、数据损失等。采用的关键技术包括对数据提供者与大数据应用提供者之间的接口安全控制技术、大数据应用提供者与数据消费者之间的接口安全控制技术、大数据应用提供者与大数据框架提供者之间的接口安全控制技术、大数据框架提供者内部以及系统控制器的安全控制技术等。

系统层安全防护主要解决系统面临的安全问题，包括僵尸户攻击、平台攻击、运行干扰、远程操控、高级持续性威胁（APT）攻击、业务风险等。采用的关键技术包括实时安全检测、安全事件管理、大数据安全态势感知，高级持续性威胁攻击的防御等关键技术。

大数据需要灵活的计算环境，云计算为大数据提供了基础设施，Hadoop、Spark、Storm 等开源架构目前已取代传统的 RDBMS 成为大数据存储和处理的基础设施，大数据利用云计算处理将更具有可扩展性、灵活性和自动化。

5. 数据可视化

（1）数据可视化发展历史　数据可视化的历史可以追溯到 20 世纪 50 年代计算机图形学的早期，人们利用计算机创建出了首批图形图表。到了 1987 年，一篇题为《Visualization in Scientific Computing》（科学计算之中的可视化，即科学可视化）的报告成为数据可视化领域发展的里程碑之作。它强调了推广基于计算机的可视化技术的必要性。随着人类采集数据的种类和数量的增长，以及计算机运算能力的提升，高级的计算机图形技术与方法越来越多地应用于处理和可视化这些规模庞大的数据集。20 世纪 90 年代初期，信息可视化成为新的研究领域，旨在为许多应用领域中抽象数据集的分析工作提供支持。

目前，数据可视化是一个包含科学可视化和信息可视化的新概念。它是可视化技术在非空间数据上新的应用，可以让人们不再局限于通过关系数据表来观察和分析数据，还能以更直观的方式看到数据及数据之间的结构关系。

（2）数据可视化工具介绍　现如今数据资源越来越丰富，但是只有从数据中及时、有效地获取到有用的信息，这些数据资源才有意义。利用数据可视化工具可以形象直观地发现数据背后隐藏的规律和价值。本节将对当前最常用的六种数据可视化工具进行介绍。

1）Tableau Desktop。Tableau Desktop 是 Tableau 公司开发的商业智能工具软件。Tableau Desktop 不仅可以让用户自己编写代码，还可以自定义控制台配置。控制台具有监测信息以及提供完整分析的能力，而且还具有灵活且拥有较高动态性的特性。

Tableau Desktop 数据来源有多种形式，能同时支持 Excel 以及各种数据库类型，还能以 Web 模式发布至网络中供别人访问。

Tableau Desktop 能够将数据运算与优美的图表完美地嫁接在一起。它通过拖放程序把所有的数据展示到数字"画布"上，转眼就能创建好各种图表。而且它还有多种展现形式，操作人员能够自定义图表类型，并以多种图形的方式进行展现，同时针对不同的展示图形有不同的说明，如图 5-11 所示。

当用户完成图形绘制后，Tableau Desktop 数据库中的数据会自动更新，并进行自动同步。同时 Tableau Desktop 中还集成了趋势分析，能对数据未来的走向进行一定的趋势分析。

2）Python Matplotlib。浏览一下 Python 程序库目录，就会发现无论要画什么图，都能找到相对的库——从适用于眼球移动研究的 GazeParser，到用于可视化实时神经网络训练过程的 pastalog。许多库可以用于广泛的领域，有一些只能完成特定的任务。Python 数据可视化展示如图 5-12 所示。

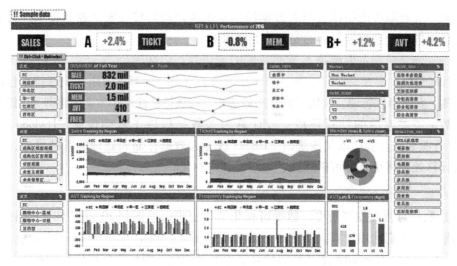

图 5-11 Tableau Desktop 数据可视化展示

```
In [5]: from pyecharts import Pie

        attr = ['衬衫', '羊毛衫', '雪纺衫', '裤子', '高跟鞋', '袜子']
        v1 = [11, 12, 13, 10, 10, 10]
        v2 = [19, 21, 32, 20, 20, 33]
        pie = Pie("饼图-玫瑰图示例", title_pos='center', width=900)
        pie.add("商品A", attr, v1, center=[25, 50], is_random=True, radius=[30, 75], rosetype='radius')
        pie.add("商品B", attr, v2, center=[75, 50], is_random=True, radius=[30, 75], rosetype='area', is_legend_show=False,
                is_label_show=True)

        pie

Out[5]:
```

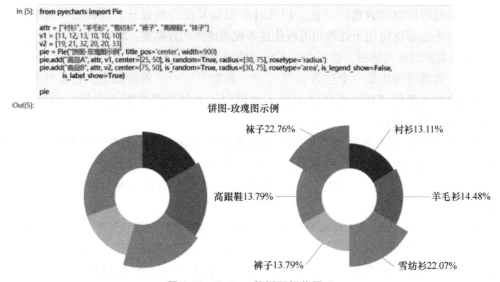

图 5-12 Python 数据可视化展示

其中，Matlotlib 是 Python 最著名的绘图库，它提供了一整套类似 Matlab 的 API，非常适合交互式绘图。它的文档相当完备，并且 Gallery 页面中有上百幅缩略图，打开之后都有源程序。因此如果需要绘制某种类型的图，只需要在这个页面中浏览/复制/粘贴一下就可以完成。

因为 Matplotlib 是第一个 Python 可视化程序库，所以许多程序库都是建立在它的基础上或者直接调用它。例如 Pandas 和 Seaborn 就是 Matplotlib 的外包，它们可以直接调用 Matplotlib。

因为用 Matplotlib 可以很方便地得到数据的大致信息，但是如果要快捷、简单地制作可供发表的图表就不那么容易了。就像 Chris Moffitt 在"Python 可视化工具简介"中提到的一样：功能非常强大，也非常复杂。

3）R-ggplot2。R 语言提供了一套令人满意的内置函数和库，如 ggplot2、leaflet 和

lattice 用于建立可视化效果以呈现数据。因为 ggplo2 具有使图形精美、函数和参数设置方便记忆，代码可用性强，以及可以很方便地定制图形等优点，所以经常被用来对数据进行可视化。下面主要介绍 ggplot2 的数据可视化过程，如图 5-13 所示。

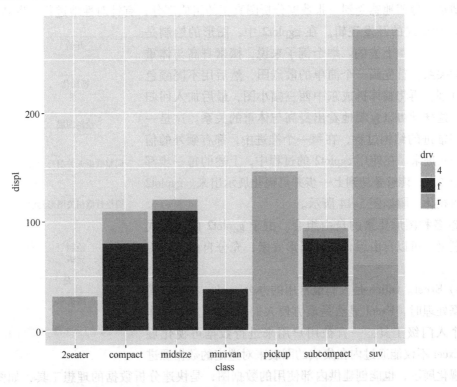

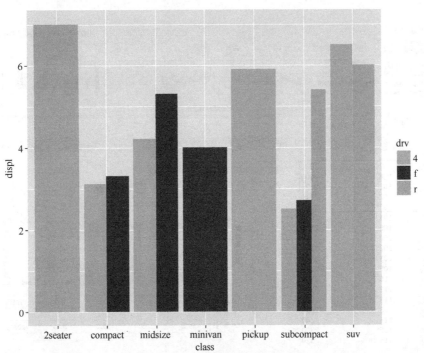

图 5-13　ggplot2 数据可视化展示

① 绘图与数据分离。数据相关的绘图与数据无关的绘图分离。众所周知，数据可视化就是将数据中探索的信息与图形要素对应起来的过程。ggplot2 将绘图与数据、数据相关的绘图与数据无关的绘图进行分离，与 Java 的 MVC 框架思想类似。这让 ggplot2 的使用者能清楚、分明地感受到一张数据分析图真正的组成部分，有针对性地进行开发和调整。

② 图层式的开发逻辑。在 ggplot2 中，图形的绘制是一个个图层添加上去的。举个例子来说，探索身高与体重之间的关系。首先画一个简单的散点图，然后用不同颜色区分性别，再将整体拆成东中西三幅小图，最后加入回归直线，这样就可以直观地看出身高与体重的关系。这是一个层层推进的结构过程，在每一个推进中，都有额外的信息被加入进来。在使用 ggplot2 的过程中，上述的每一步都是一个图层，能够叠加到上一步并可视化展示出来。ggplot2 数据可视化步骤如图 5-14 所示。

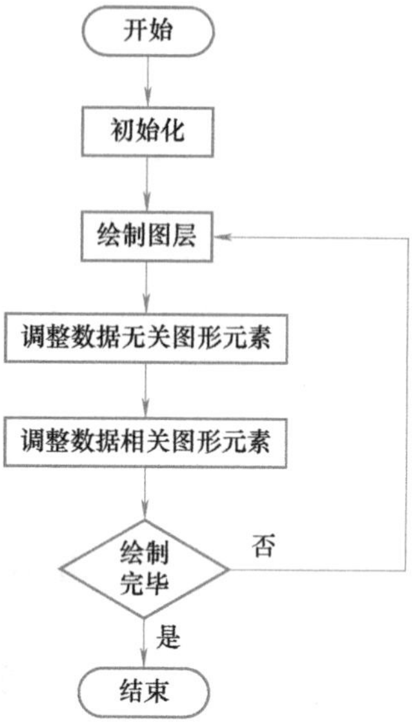

③ 各种图形要素的自由组合。由于 ggplot2 的图层式开发逻辑，可以自由组合各种图形要素，充分自由发挥想象力。

4）Excel。Office 是人们最常用的办公工具，在进行简单数据处理时，Excel 显然是最方便人们使用的。Excel 作为一个入门级工具，一直被用户用来进行数据可视化展示。Excel 不仅能通过内在集成的图表来对选定的数据源进行可视化展示，也能创建供内部使用的数据图，是快速分析数据的理想工具，如图 5-15 所示。

图 5-14　ggplot2 数据可视化步骤

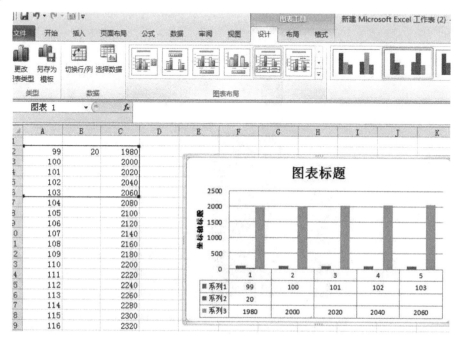

图 5-15　Excel 数据可视化展示

Excel 通过直方图、折线图、散点图、气泡图以及条形图等方式对数据进行可视化，使用方法简单，且具有以下优点：

① 在同一个程序里可运行数据分析并且创建可视化。Excel 可以做到在同一界面，进行多种数据分析统计并进行可视化的呈现。

② 数据多种展现方式可进行比较。Excel 可以做到在同一界面数据多种可视化形式同时呈现，如折线图、直方图和散点图都可以在一个画面呈现，这让数据呈现方式更直观。

③ 可改变平铺、布局和其他格式选择。改变单个图表、图例、标题等内容均可改变布局等多种格式。

④ Excel 可推荐数据最好的可视化方式。使用 Excel 软件可以更直观地展示数据信息，让数据获得者第一时间获得需要的信息。

5）MATLAB。MATLAB 自产生之日起就具有方便的数据可视化功能，用以将向量和矩阵通过图形表现出来，并且可以对图形进行标注和打印。高层次的作图包括二维和三维的可视化、图像处理、动画和表达式作图，可用于科学计算和工程绘图。新版本的 MATLAB 对整个图形处理功能做了很大的改进和完善，使它不仅具有一般数据可视化软件都有的功能（例如图形的光照处理、色度处理以及思维数据的表现等），而且表现了出色的处理能力。同时对一些特殊的可视化要求，例如图形对话等，MATLAB 也有相应的功能函数，保证用户不同层次的要求。MATLAB 数据可视化展示如图 5-16 所示。

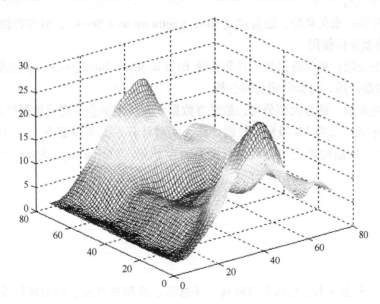

图 5-16　MATLAB 数据可视化展示

6）大数据魔镜。目前，国内也有许多数据可视化工具，例如大数据魔镜是一款大数据可视化分析工具。大数据魔镜拥有国内强大的可视化效果库，支持 500 多种图表，包括列表、饼图、漏斗图、散点图、线图、柱状图、条形图、区域图、气泡图、矩阵、地图、树状图、时间序列相关的图表，还支持树图、社交网络图、3D 图表等多维动态图表类型。大数据魔镜目前支持市面上所有数据源，云平台版和基础企业版支持 Excel 和 Mysql，高级企业版支持 SQL Server、ORACLE、Access、NOSQL、MongoDB、DB2 以及 Hadoop、

Spark 等数据源。除此之外，大数据魔镜还支持 Google Analytics、微信、微博、淘宝、京东等第三方社会化数据源，供开发者使用。大数据魔镜数据可视化展示如图 5-17 所示。

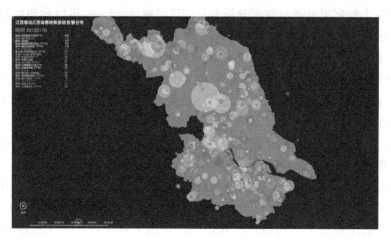

图 5-17　大数据魔镜数据可视化展示

大数据魔镜最大的特点是云平台免费（企业基础版也是免费的），可视化的效果较多，可视化渲染速度快。目前大数据魔镜有四个版本：云平台版、基础企业版、高级企业版和 Hadoop 版。

① 云平台版：永久免费，适合接受 SaaS（Software as a Service，软件即服务）的企业和个人进行数据分析使用。

② 基础企业版：可代替报表工具和传统 BI（Business Intelligence，商业智能），适合中小型企业内部使用，可全公司协同分析。

③ 高级企业版：适合大型公司，最好有数据仓库，帮助企业完成数据转型。

④ Hadoop 版：支持 PB 级别大数据计算，实时计算，完美兼容 Spark、Hbase 非结构化计算，适合大数据处理公司，最好数据有一定积累，有 Hadoop、Spark 等大数据处理需求。

习　题

1. 判断题

1）大数据采集技术是指从射频终端、传感器、互联网节点、移动网络节点等方式输入，获得结构化、半结构化及非结构化的海量数据的过程。　　　　　　　　　（　　）

2）从技术架构的角度看，大数据处理平台可划分为数据采集层、数据存储层和服务封装层。　　　　　　　　　　　　　　　　　　　　　　　　　　　　　　（　　）

3）服务封装层主要负责根据不同的用户需求对各种大数据处理和分析功能进行封装并对外提供服务。　　　　　　　　　　　　　　　　　　　　　　　　　　　（　　）

4）数据仓库由三个步骤构成，包括提取、变换和装载。　　　　　　　　　（　　）

5）大数据的存储方式主要有四种，分别是分布式文件系统、NoSQL 数据库、云数据

库和分布式键值系统。　　　　　　　　　　　　　　　　　　　（　　）

2. 选择题

1）大数据采集常用的方法有哪些？（　　　）

A. 系统日志采集　　　B. 网络数据采集　　　C. 数据库采集　　　D. 以上都是

2）下列哪一个是大数据特征？（　　　）

A. 规模庞大　　　　B. 种类繁多　　　　C. 变化频繁　　　　D. 以上都是

3）下列哪一个属于数据挖掘工具？（　　　）

A. R 语言　　　　B. C 语言　　　　C. C++ 语言　　　　D. 以上都是

3. 思考题

1）联系你身边的例子，试举 2~3 个大数据在智能网联汽车上应用的例子。

2）请简述大数据在智能网联汽车产业的处理流程。

3）请简述大数据处理技术架构及每个架构的工作方式。

第6章

智能网联汽车与云计算

导读

  本章首先提出了云计算的基本概念和特征，并进行了阐述，对云计算的内涵和系统框架做了重点讲解。在此基础上分析云计算在智能网联汽车中的应用，其中包括交通信息、道路数据处理和安全等方面的云计算应用，之后以智能网联汽车为基础讲解云计算的处理流程，让学习者或阅读者掌握云计算和智能网联汽车的关系，明晰云计算对于智能网联汽车的重要意义。

本章知识点：
- 云计算内涵
- 云计算系统的系统架构
- 云计算在智能网联汽车中的应用

6.1 云计算简介

6.1.1 云计算内涵

1. 内涵

  云计算是一种基于互联网的、大众按需随时随地获取计算资源与能力进行计算的新计算模式，其计算资源与能力（计算能力、存储能力、交互能力）是动态的、可伸缩的且被虚拟化的，以服务的方式提供。这种新型的计算资源与能力的组织、分配和使用模式，有利于合理配置计算资源与能力并提高其利用率，降低成本、减少排放，实现高效、柔性、绿色计算。

2. 云计算服务与云计算平台

  云计算既代表着计算技术的不断进步，又孕育出了一种全新的共享经济模式，它既包含了各种通过互联网分享给用户的云盘、云杀毒、云视频、云游戏、云社区等随时随地获取的信息资源服务——云计算服务，也包含了用来支撑这些服务的可靠、高效运营的共享软硬件平台——云计算平台。通过云计算平台，将一个或多个云计算中心中的软硬件资源整合，形成一种虚拟的计算资源池，并提供可动态调配和平滑扩展的计算、存储和通信能力，用以支撑各种应用创新的云计算服务的实现在"互联网＋"新业态背景下，用户希望通过云计算分享的资源，正从以计算资源为重点，向领域资源为重点快速演进，如云制造、云商贸、云物流、云健康、云金融、云政务等。例如，云计算助力医疗信息化，需要提供全方位的业务支撑，包括预约挂号、远程医疗档案、健康咨询、健康管理、医保支付等服务。

云计算涵盖了服务和平台两个方面，二者既可相互独立，又可紧密结合（图6-1）。云计算服务是以创新服务模式为主要的推动力，底层技术平台的选择可以起到辅助和提升的作用，它仍然可以运行在传统的底层架构（非云计算平台）之上；云计算平台强调的是通过先进的技术手段构建全新的基础平台或是改造旧有的底层架构，它可以为所有的应用或计算服务提供底层支撑而并不局限于云计算服务。云计算平台支撑的云计算服务不仅可以提高服务的效率，而且还会充分发挥出平台的能力和优势。只有二者的完美结合，才能实现在大规模用户聚集的情形下以较低的服务成本提供高可用性的服务，从而保持业务的持续发展性和在商业竞争的优势。

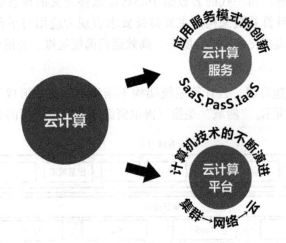

图6-1　云计算服务与云计算平台

6.1.2　云计算系统的系统架构

1. 云计算架构基本概念

互联网时代的来临，无论是拥有数亿用户照片的应用程序，还是企业的业务应用系统，都需要以低廉的成本快速、灵活地访问 IT 资源。一方面 IT 数据中心相关的服务器、存储网络等硬件设备性能随着技术进步得到了极大提升，另一方面云计算技术与平台系统也得到快速发展，来满足"云化" IT 资源的需求。在前面已经介绍了云计算的概念，那么，一个云计算系统可以分成哪些部分？系统各部分之间是什么关系？这些问题实际上涉及云计算系统的硬件系统、软件系统、应用系统、运维管理、服务模式以及标准规范等各个方面，要理清这些问题，有必要了解和认识云计算的系统架构。

（1）云计算系统架构的产生　为了更好地理解云计算系统架构这一概念，首先需要理解什么是 IT 资源？IT 是信息技术行业的统称，其内涵包括三个层次：第一层是硬件，主要指数据存储、处理和传输的主机和网络通信设备；第二层是指软件，包括可用来搜集、存储、检索、分析应用、评估信息的各种软件，它既包括企业资源计划（Enterprise Resource Planning，ERP）、客户关系管理（Customer Relationship Management，CRM）、供应链管理（Supply Chain Management，SCM）、办公自动化（Office Automation，OA）等商用管理软件，也包括用来加强流程管理的工作流（Work Flow，WF）管理软件、辅助分析的数据仓库和数据挖掘（Data Warehousing/Data Mining，DWDM）软件等；第三层是指应用，包括应用 ERP、CRM、SCM 等软件直接辅助决策。

（2）云计算系统架构的特征　云计算的定义深刻反映了其优点和特征，与云计算相对应的，云计算系统架构最终要为云服务提供支撑。云计算系统架构是一个复杂的、解耦的、高效的运行体系，资源的池化、虚拟化、组件化实现了标准服务的可提供性和灵活性，通过互联网为用户提供服务。通过云提供的这些资源是按需的、可弹性扩展的，相比传统数据中心有着更合理的计算资源配置能力，可极大地提高利用率、降低成本。云管理平台为整个云计算数据中心的运营、运维提供了总体协调和支撑，使得业务发放和使用的流程更为顺畅。新一代的云数据中心将以软件定义的形态展现出来，为上层应用提供统一支撑。云计算系统架构的主要特征要求表现为应用与平台解耦、资源的可扩展性、服务的云化、虚拟化提供的自服务、高效运营简便运维、灵活的计量计费等。

2. 云计算系统架构参考模型

经过十几年的快速发展，云计算系统架构不断演进，逐步形成了一个"四层两域"系统架构，如图 6-2 所示。"两域"是指以提供资源承载客户应用的业务域，以及用于协

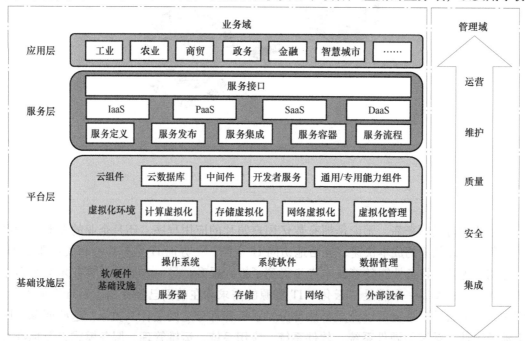

图 6-2　云计算系统架构参考模型

调管理整个数据中心的管理域。业务域是用来提供资源和服务的，逻辑上又可以分为四个层次：基础设施层、平台层、服务层和应用层。管理域主要提供整个云数据中心的协调管理。

业务域的分层体系非常重要，将基础设施、平台、服务、应用完全解耦，实现更高效的资源调度和弹性。基础设施层主要是最底层的数据中心基础设施及服务器、存储、网络、外部设备等硬件设备，以及与硬件最相关的基础软件（如操作系统、系统软件等）。外部设备主要是接入和采集设备，数据管理是将原始数据存储并做管理，最后提供给 DaaS 服务来做数据模型处理服务。平台层主要提供虚拟化资源池（计算、存储、网络），以及各类云组件（如云数据库、中间件等）。服务层提供各类标准化的云服务，以及与服务提供相关的定义发布、集成、容器、流程等。应用层则是客户各类应用系统的展现。

管理域是云计算系统的"大脑"，为整个系统提供运营、维护、质量、安全、集成等方面的协调，保证了云服务的高效、可靠运行。

（1）基础设施层　云计算系统承载一切的基础部分就是其基础设施层，可以进一步细分为：

1）物理资源。主要基础硬件设备，包括服务器集群、存储集群，以及由交换机、防火墙、路由器等组成的网络设备与信息安全设备，另外还包括数据中心机房配套设施（电力、制冷、安防等）。

2）操作系统。云操作系统是实现底层物理资源管理、池化的关键。如果硬件资源无法实现云化，就无法提升资源利用率和资源的弹性使用。部署操作系统后，物理设备就可以灵活实现"小变大"的分布式资源聚合处理，或者"大变小"的虚拟化隔离处理。

3）系统软件。为了便于高效运营，运维云数据中心在基础设施层的硬件设备也可根据需要部署一些运营、运维系统软件，便于对底层硬件的资源使用情况和健康状况进行监控与调配，并且对于从各种途径获取的原始数据进行管理。

（2）平台层　在基础设施层，各类硬件资源只是实现了单节点的基础虚拟化，无法形成统一的集群化管理，这就需要一个云平台做总体管理，以便实现高效、弹性的资源调度。在数据库、中间件等域，传统数据中心是独立使用、分散管理的，效率及可靠性难以保障，在云时代，也同样需对其实现平台化管理。因此，平台层是各类云服务承载的基础，通过统一的云平台可实现对计算、存储、网络资源池实现集群化统一管理，可基于底层 IT 资源实现各类数据库中间件、通用或专用能力组件等各类云组件的统一化管理，同时还可以为云服务的开发者提供支持。平台层也可称为资源层，是指以服务的方式交付包括计算、存储、网络等在内的基础设施环境，这个环境通常是一个虚拟化的平台。物理基础设施通过底层的虚拟化技术抽象后可以形成一个统一的资源池，底层资源都可以被抽象成一系列的可用服务，并可以通过应用程序编程接口（Application Programming Interface，API）或者 Web 管理控制台进行访问和使用这些服务。用户不需要再像传统环境那样经过规划设计、集成部署等一系列漫长而复杂的流程，通过简单的订购或者申请操作就可以使用基础设施能力。

（3）服务层　服务层是指集成了企业应用从开发、运维、运营及配套的各种工具和能力的平台环境，主要是面向外部用户提供标准化的云计算服务，以便为客户业务提供有效支撑。服务层可以提供基础设施即服务（Infrastructure as a Service，IaaS）、平台即服务（Platform as a Service，PaaS）、软件即服务（Software as a Service，SaaS）、数据即服务（Data as a Service，DaaS），并提供相关的自动化服务流程和服务接口。

（4）应用层　应用层是指基于服务层提供的各种接口，构建适用于各行业的应用环境，提供给软件厂商或开发者、用户的应用平台。应用层主要是以客户应用运行为目标，以友好的用户界面为用户提供所需的各项应用软件和服务。服务的提供者负责处理应用所涉及的所有基础服务、业务逻辑、应用部署交付及运维；服务的使用者通过租赁的方式获取应用服务，免去了应用软件安装实施过程中一系列专业且复杂的环节，降低了应用软件的使用难度。应用层直接面向客户需求，向企业客户提供 CRM、ERP、OA 等企业应用。应用层也是各类行业云计算应用的充分展现，如工业云、农业云、商贸云、金融云、政务云等。

（5）管理域和业务域　业务域主要提供资源和服务，而管理域主要提供云服务运营和云服务运维。云服务运营是围绕云服务产品进行的产品定义、销售、运营等工作。首先以服务目录的形式展现各类云服务产品，并进行产品申请、受理及交付，最后对用户使用的产品按实际使用进行计量或计次收费。云服务运维是指围绕云数据中心及云服务产品的运维管理工作，包括资源池监控和故障管理、日志管理、安全管理、部署和补丁管理。

3. 云计算系统的业务模型

业务系统是商业模式的核心，云计算作为一种面向服务的商业模式，高效运营的业务系统是云计算企业最重要的竞争优势之一。水、电服务是将水、电作为资源提供给用户使用，而云服务提供商则是提供 IT 资源，如云主机、云存储、VPC、网盘等，用户可以根据自己的需要通过自助、付费的方式按需获取这些资源，从而得到服务。随着近几年云计算市场的火热发展，云计算服务已经随处可见，通常将这些服务归为 IaaS、PaaS、DaaS、SaaS 四大类，如图6-3所示。除了这四大类服务，根据用户的需求，云计算服务也衍生出其他一些服务类型，如容器即服务（Container as a Service，CaaS）、数据库即服务（Database as a Service，DBaaS）等。借助这些云服务，用户可以就像用水、用电一样便捷地获取和使用计算、存储、网络、大数据、数据库等 IT 资源了。

IssS、PaaS、DaaS、SaaS 可独立向用户提供服务，彼此之间并不存在依赖关系。其中 IaaS 使用起来比较灵活，用户可以建立自己的系统，搭建自己的 PaaS 和 SaaS，用户对数据拥有完全的掌握权，但同时对于用户的 IT 资源驾驭能力要求也比较高。PaaS 比较适合应用开发者类的用户，这类用户以直接使用 PaaS 提供的数据库、中间件、缓存等服务能力来迅速构建应用，无须从底层建立完整系统，但使用云平台提供的 PaaS，就必须遵循云平台的框架和 API，会和平台产生一定的耦合性。DaaS 的精髓在于使数据管理更为集中化，让更多的用户无须去注意底层数据的问题，而将注意力完全放在如何使用这些数据。SaaS 则是直接为最终用户提供了基于云的应用，如人力资源系统、客户关系管理系统、电子邮箱、网盘等，免去了开发、部署、测试等环节，实现了应用开箱即用。但用户数据留存于平台上，会和平台产生紧耦合，一般情况下再迁移更换平台的代价也比较大。

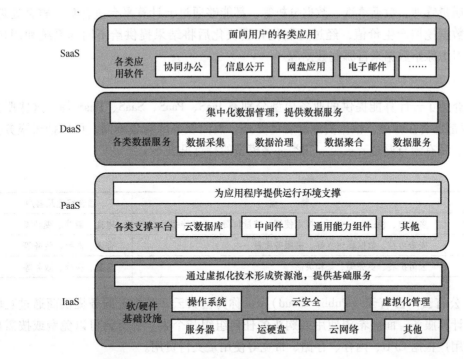

图 6-3　云计算业务模型

（1）基础设施即服务（IaaS）　IaaS 是指将 IT 基础设施能力（如服务器、存储、计算能力等）通过网络提供给用户使用，并根据用户对资源的实际使用量进行计费的一种服务。

（2）平台即服务（PaaS）　平台即服务 PaaS 是指将一个完整的计算机平台，包括应用设计、应用开发、应用测试和应用托管，都作为一种服务提供给用户。用户不需要购买硬件和软件，只需要利用 PaaS 平台，就能够创建、测试、部署及运行应用和服务。PaaS 对开发者屏蔽了底层硬件和操作系统的细节，开发者只需要关注自己的业务逻辑，无须过多地关注底层资源，可以很方便地使用构建应用时的必要服务组件，大大加速了软件开发与部署的过程。

（3）软件即服务（SaaS）　SaaS 是一种全新的软件使用模式，软件厂商将应用软件部署在自己的服务器或者云服务市场上，通过互联网对外提供服务，用户可以根据自己的实际需求，在 Web 页面上订购所需的应用软件服务，按订购的服务数量和使用时长支付费用，且用户无须对软件进行维护，服务提供商会负责软件的维护升级。

（4）数据即服务（DaaS）　"谁拥有了大数据，谁就拥有了未来"，这句话形象地解释了数据的重要性。拥有海量数据的企业可以利用大数据技术来发掘数据的价值，将企业数据转变为企业的金矿。然而，目前企业数据的价值还远未被开发出来，企业数据资源利用率不高、处理大量复杂数据的能力有限、数据变现的手段有限、未形成良性循环的数据利用商业模式等。数据即服务（DaaS）的出现正是为了解决上述问题，帮助企业更好地挖掘大数据的价值。盘活数据资产，使其为业务管理、运营、决策服务，这就是数据即服务（DaaS）的本质。DaaS 是指与数据相关的一系列操作，如数据采集、数据聚合、数据质量管理、数据清洗、数据分析等，都能够通过云计算平台进行集中整合处理，最后经过数据挖掘产生价值，经过定制化和模块化后将结果提供给不同的系统和用户，而无须再考虑原始数据来自哪些数据源。

4. 云计算系统的部署模型

上述介绍了云计算能提供的业务模型分别有 IaaS、PaaS、SaaS、DaaS 等，这些服务的 IT 资源都部署在哪里。根据资源部署的方式、面向服务的对象不同，可以把云服务分为公有云、私有云与混合云三类。三类部署模型的特点见表6-1。

表6-1 三类部署模型的特点

分类	特 点	适合行业及客户
公有云	多租户、快速获取资源、按需使用、按量付费、弹性伸缩	电商、游戏、视频等
私有云	安全可控、数据私密性好、高服务质量	金融、医疗、政务等
混合云	云可扩展、更完美、架构灵活	金融、医疗、政务等

（1）公有云 公有云（Public Cloud），也称为公共云，是指云服务提供商通过互联网提供的计算服务，面向希望使用或购买的任何组织和个人。公有云可以免费或按需出售，允许用户根据 CPU、内存、存储、带宽等使用量支付费用。

（2）私有云 私有云也称为专用云，是部署在企业数据中心，或者安全的主机托管场所，为企业单独使用而构建的专有资源；一般不直接连接外部网络，所以能提供更好的网络安全、数据安全和服务质量。

（3）混合云 混合云（Hybrid Cloud）是公有云和私有云的融合，通过专线或 VPN 将企业私有云和公有云连通，实现私有云的延伸，是近年来云计算的主要模式和发展方向。

5. 云计算的技术标准

云计算作为基于互联网共享信息资源的一种创新服务模式，给新一代信息技术变革和商业模式带来了重大变革。然而在云计算发展初期，云计算业务的开展形式、具体技术实现框架、平台和服务的技术接口不统一，不同公司采用不同的技术方案，可能造成不同厂商之间的接口不互通、厂商与用户之间的接口不互通、不同厂商设备之间不互联互通等方面的问题，导致大量数据和服务无法有效地转移、共享，局限了云计算的应用服务范目。随着云计算应用的不断深入，如何搭建一个互联互通、安全可靠的云计算环境，受到国际国内的高度重视。

云计算标准化是云计算大范围推广和应用的前提，是推动云计算技术、产业及应用发展，以及行业信息化建设的重要基础性工作之一。起初，各个企业为了自己的云业务发展纷纷推出各自的平台和服务标准，各自为政，使得众多云平台的长期稳定发展和云服务用户的利益得不到保障。云服务没有统一的标准，云计算产业就难以得到规范、健康的发展，难以形成规模化和产业化集群发展，就会成为云计算产业发展的瓶颈。从长远来看，如果云计算要成为像电信、电力这样的公共服务行业，形成巨大的产业规模，实现标准化是必然的选择。

云计算通用和基础标准旨在对云计算一些基础共性的标准进行制定，包括云计算术语、云计算基本参考模型、云计算标准化指南等。互操作和可移植标准以构建互连互通、高效稳定的云计算环境为目标，对基础架构层、平台层和应用层的核心技术和产品进行规范。服务标准主要针对云服务生命周期管理的各个阶段，覆盖服务交付、服务水平协议、服务计量、服务质量、服务运维和运营、服务管理、服务采购，包括云服务通用要求、云服务级别协议规范、云服务质量评价指南、云运维服务规范、云服务采购规范等。安全标准方面主要关注数据的存储安全和传输安全、跨云的身份鉴别、访问控制、安全审计等方面。

近年来，ISO、IEC、ITU 等国际标准化组织纷纷启动云计算标准化工作并取得了实质性进展。我国已经意识到标准化对于产业发展的重要性，积极地参与到云计算的国际标准化进程中，以促进国内云计算标准工作与国际协同发展。

6.2　智能网联汽车中的云计算

6.2.1　交通信息采集

1. 道路交通信号装置

道路交通信号是指在道路上约束车辆、行人交通行为的特定信号，包括交通信号灯、交通标志、交通标线、交通警察指挥手势信号，不包括警灯、交通信息板。其中，交通信号灯按不同的标准可以分为不同的类型。

1）按用途可分为车辆交通信号装置、行人交通信号装置、方向交通信号装置和车道交通信号装置等。

2）按操作方式可分为定周期控制信号装置和感应式控制信号装置。感应式控制信号灯又分为半感应控制和全感应控制两种。

3）按控制范围可分为单个交叉路口的交通控制装置、干道交通信号联动控制装置和区域交通信号控制装置，即"点控""线控""面控"三种。

2. 信号控制方式

信号控制方式有不同的分类。在此考虑选择控制方式的方便性，将信号控制分为点控、线控和面控。

（1）点控方式　点控方式适用于相邻信号机间距较远，线控无多大效果时，或者因各相位交通需求变动显著，其交叉路口的周期长和绿信比的独立控制比线控更有效的情况。

1）定周期控制。定周期控制是对应于交通需求的变动参数，将一天分为几个时间段，对应于不同时段设定不同的周期长、绿信比等信号控制参数，由时钟来控制变换参数的控制方式。定期控制方式适用于交通量的变动模式基本固定，并可以预测的情况。但因某种原因变动模式发生变化时，就要修改控制参数。

2）交通感应控制。交通感应控制方式是对应于交通状况的变动进行实时控制的方式。该方式根据使用车辆感测器测得在一定时间内的交通需求变动，从而改变绿灯时间和周期长的控制方式。

3）行人信号控制。人行横道的信号控制方式有定期控制和按钮式控制。繁华街、车站周围以及办公区、商店街等地点全天都有行人穿越横道，即使在高峰时间以外也大致平均每1min有1人以上的交通需求，所以进行定周期控制为好。按钮式控制适用于需求量随时间变动显著，存在着几乎无人过街的时间段或需求量不大的时间段（如购物、通勤、通学时所用的生活道路等）的情况。

（2）线控方式　线控方式是把一条道路延长线上的连续几个信号机在时间上相互联系起来进行信号显示，通过减少车辆停止次数，缩短停车时间以达到使交通通畅的目的。另外，此种控制方式有助于形成适当速度的交通流。线控的一个关键点是实行线控的各交叉口周期长相同。

1）定周期控制。定周期控制与点控制方式一样，根据交通需求的变动模式，将1天分成若干个时间带设定控制方案，把预先设好的控制参数按时间表进行选择的控制方式。该方式适用于交通流比较稳定的路线区间，与点控方式不同的是控制参数中还有相位差。

2）交通感应控制。交通感应控制方式是对应于变化的交通状况实时改变控制参数（周期长、绿信比、相位差）进行控制的方式。此方式可根据交通需求的变动进行实时的控制参数修正，从而实现高度的线控制。因此，适用于交通随时间变动剧烈、交通量大、要求高度的交通处理效率的干线道路。

（3）面控方式。对设置在大面积道路网上的多台信号机采用集中控制的方式称为面控方式。这种控制方式原则上可看作是将线控扩大到面上。因此，面控是由若干子区控制构成的。这里的子区是指由相同的周期长进行控制的区域，对每个子区给出最佳周期长，在各个子区内得到最优控制的效果。

3. 监控设备和计算机

运用现代的信号装置、通信设备、遥测及计算机技术等对动态的交通进行实时的组织与调整。通过交通信号控制，在未饱和交通条件下，降低车辆行驶延误，减少停车次数，缩短车辆在路网内的行驶时间，提高路网的整体通行能力；在饱和交通条件下，使交通流有序行进，分流车辆，缓解堵塞。

4. 路侧传感器

路侧传感器采集交通信息原始数据，如道路现状、交通流量、交通流速、道路占有率等，并形成交通信息数据库。随着智能交通的发展，路侧传感器的使用将越来越多。目前国内外在交通检测系统或交通信息采集系统中，大量应用了电磁传感技术、超声传感技术、雷达探测技术、视频检测技术、计算机技术、通信技术等。路侧传感器主要有电感环检测器、超声波检测器、红外检测器、雷达检测器、视频检测器等。

5. 通信设施

通信设施负责信息控制中心与道路上车辆之间的数据交换。通常控制信息与诱导信息的传输，可以通过有线传输、无线传输和专用短距离传输三种方式来进行。对于有线通信方式，要求统筹考虑，主要采用光纤通信，利用光纤就可以将前端设备与交通指挥中心或分控中心连接起来；对于无线传输方式，无线通信支持移动终端或路口设备的无线数据网，主要包括卫星通信、移动通信等。

6. 信号控制规则

现行城市路网交通信号控制系统的控制优先级应遵循"单点交叉路口自适应控制→区域（子区）协调信号控制→中心网络协调信号控制"原则。采用了三级分布式系统结构框架，即单点路口级信号控制系统、区域（子区）级信号控制系统和中心网络级信号控制系统。

（1）交通控制子区　一个面积较大的路网，在实行信号联网协调控制（即区域控制或面控）时，根据路网所辖范围，不同区域具有不同的交通特性（交通方式构成、交通量、流向等），把控制范围分成不同的控制区域，每个控制区域采用不同的控制策略，各自实行适合本区域交通特点的控制方案。这些相对独立的控制区域就是交通控制子区。

（2）交通控制子区划分的原则

1）周期原则。若相邻的路口信号周期相近，说明两路口的交通特性比较接近，则将这两个路口划分到同一信号控制子区内。

2）流量原则。若相邻的路口相互之间的车流量大或者车流特征相近，说明两个路口之间的关联性较强，则将这两个路口划分到同一信号控制子区内。

3）距离原则。若相邻路口之间的距离较小，说明两路口之间的关联性较强，则将这两个路口划分到同一个信号控制子区内。

7. 交通诱导

交通诱导系统，是基于电子、计算机、网络和通信等现代技术，根据出行者的起讫点向道路使用者提供最优路径引导指令或是通过获得实时交通信息帮助道路使用者找到一条从出发点到目的地的最优路径。

这种系统的特点是把人、车、路综合起来考虑，通过诱导道路使用者的出行行为来改善路面交通系统，防止交通阻塞的发生，减少车辆在道路上的逗留时间，并且最终实现交通流在路网中各个路段上的合理分配。

根据交通诱导信息的作用范围，交通流诱导系统可以分为车内诱导系统和车外诱导系统。

在车内诱导系统中，实时交通信息在车辆和信息中心之间传输。这种诱导系统诱导对象是单个车辆，也称为车辆个体诱导系统，这类系统的诱导机理比较明确，容易达到诱导的目的。

在车外诱导系统中，交通诱导信息在车流检测器、信息中心和外场信息显示设备（交通信息板、交通诱导屏等）之间传输，诱导对象是车流群，也称为群体车辆诱导系统。

8. 交通信息发布

交通诱导信息发布，主要是指通过车载终端、电台及电视台、互联网、外场诱导显示设备把交通诱导信息发布出去。

（1）车载导航系统　车载导航系统负责将车辆位置、速度、驾驶人或乘员需求等信息发送给信息控制中心，接收信息控制中心传来的数据，并根据驾驶人或乘员的需要显示导航信息。车载导航系统可实现：①车辆跟踪，通过车载 GPS 接收机接收卫星信号，并进行地图匹配后在电子地图上显示出车辆的实际位置；②航线设计，根据驾驶人要奔赴的目标和设定的起终点，导航软件按最短路线或最经济路线或最短行车时间等原则设计航线，自动建立航线库；③按设计航线进行导航，车载显示器将在电子地图上显示设计的航线，同时显示汽车运行的路径和方向，可语音提示驾驶人到达路口或下一个目的地的剩余距离和驾驶路线；④查询功能，提供包括社会公用信息等在内的信息查询，查询结果以图像及语音的形式显示，并通过显示器以电子地图给出。

车载导航系统显示分为无交通信息显示和有交通信息显示两种。无交通信息显示的界面只给出了车辆的位置、车辆与目的地之间的道路情况及相关的地图；有交通信息显示的界面不仅给出了上述情况，还以颜色表示哪些道路畅通、哪些道路拥堵、哪些道路可供选择，同时还提供停车信息和交通管制信息。

（2）可变交通信息板　可变交通信息板是根据交通部颁布的交通行业标准 JT/T 431—2000《高速公路 LED 可变信息标志技术条件》而设计的，由显示屏、控制器及内置控制软件、机箱、框架、电器保护和防雷装置、基础、安装连接件、成对调制解调器、安装所需的电力电缆及信号光缆工程等组成，由交通信息中心计算机通过综合通信网实行远程控制，向驾驶人及时发布不同路段的比较简单的警告警示信息、交通诱导信息和公众信息，并进行交通法规、交通知识的宣传，从而有效疏导交通，促进行车安全。

（3）交通信息发布类型　交通诱导系统主要发布三类信息：警告警示信息、交通诱导信息和公众信息。

1）警告警示信息。这类信息主要是根据与交通诱导信息发布系统联动的那些卡口监控系统所提供的监控数据，发布其管辖范围内行驶车辆的超速违章等信息。

2）交通诱导信息。根据交通、天气及指挥调度部门的指令及时显示交通诱导信息，如施工地段管制、强风、浓雾等警示标语及简单图形，从而让驾驶人提前了解道路状况，避免交通阻塞，减少交通事故发生。同时还可根据路面实际情况显示限速值，从而有效地对交通流进行诱导，使高速公路的交通更加畅通。

3）公众信息。这类信息主要是一些人性化的友好提示信息，如谨慎驾驶、注意安全、请不要疲劳驾驶等。另外，还有一些其他信息，如热烈欢迎领导来视察指导工作、庆祝国庆等。

6.2.2　智能网联汽车数据处理

智能网联汽车的数据采集是指通过布置在车辆上的传感器获取车辆的动态信息，主要由车载终端通过无线方式上传到数据云平台，云平台接收到上传的车辆信息后，进行分布存储、分布计算以及分布管理，最终将处理结果以图形或其他形式呈现来（图6-4），供相关人员参考使用。主要的数据有汽车行驶状态数据、汽车动力系统数据、汽车能源系统数据以及汽车

图 6-4　车辆数据传递到云端图

安全系统数据。

1. 汽车行驶状态数据

通过汽车的传感器云平台可以获得发动机转速、冷却液温度、某一发动机转速下的进气质量和温度、机油温度、燃油压力、某一时间的车速、制动时间、车辆的最低车速、行程里程、车辆的最高车速等数据。云平台根据这些数据可以计算出发动机的工作性能、车辆的使用状况以及性能，还可以分析出驾驶人的驾驶习惯等。分析出的结果可以作为产品改良以及产品营销等的重要参考依据。

2. 汽车动力系统数据

通过汽车的传感器云平台可以获得变速器档位、发动机输出转矩、变速器各个档位的输出转矩、变速器油温度、变速器各个档位的位置、驱动电动机绕组温度、驱动电动机转速、驱动电动机转子位置、驱动电动机输出转矩等数据。云平台根据这些数据可以计算出变速器的工作性能、驱动电动机的工作性能等。分析结果可以作为汽车故障诊断、产品设计以及驱动电动机性能改良等的参考依据。

3. 汽车能源系统数据

通过汽车的传感器云平台可以获得燃油箱燃油量数据、燃油泵转速、燃油泵供电电压数据、高压电池包输出电压数据、单体电池额定电压数据、单体电池温度数据、单体电池电流数据、充电电压数据、充电电流数据、高压电池包能量密度数据等。云平台根据这些数据可以分析出电池的使用寿命、充电电流对电池的容量及使用寿命的影响等。分析结果可以作为缩短电池研发周期和性能改进等的重要参考依据。

4. 汽车安全系统数据

通过汽车的传感器云平台可以获得防抱死系统蓄压泵转速数据、防抱死系统制动压力数据、制动液液位数据、碰撞传感器数据、安全气囊相关数据、安全带相关数据以及车身稳定系统相关数据、汽车防盗系统相关数据（如车辆位置、车门状态）等。这些数据经过云计算分析，可以提供很多参考依据，如根据碰撞传感器的数据可以分析出事故的严重程度和碰撞部位等，在对这些结果进行深度挖掘，可以分析出哪些部位是比较容易出现碰撞的，因此就可以针对这些部位进行一些改良措施，如使用特殊的材料或工艺等。

6.2.3　城市交通道路数据处理

1. 交通流量

交通流量可以用平均日交通流量、年平均日交通流量、月平均日交通量和周平均日交通量表示。平均日交通流量可通过将观测期间内统计所得车辆的总和除以观测期间内的总天数获得。年平均日交通量是指全年的平均日交通流量观测结果的平均值，可以通过用一年内的交通量总数除以一年的总天数获得。周或月平均日交通流量，可以通过周或月观测的总交通量数除以周或月的总天数获得。其中，年平均日交通量在道路和交通中，是一项十分重要的控制性指标，用作道路、交通设施规划，确定道路等级以及论证道路交通设施建设可行性等的依据。

2. 道路资源

随着国内 ITS 智能交通系统的建设，获取城市道路网络运行数据的手段不断提高，对城市道路网络资源的深入研究具有了现实的可能性。利用交叉路口流量数据、路段流量数据和浮动车数据，建立了城市道路动态资源描述模型，综合描述了城市道路资源的分布及利用状态，能够为城市交通规划管理、评估提供定量的数据支持。

城市道路资源是城市交通系统的定量评价指标之一，中外学者对此进行了大量的研究，归结起来，其研究可以划分为两类：城市道路资源的静态研究和城市道路资源的动态研究。

3. 事故与路况

（1）事故　目前先进的城市道路交通事故管理方法是采用地理信息系统（Geographic Information System，GIS）来存储城市交通事故数据，并根据交通事故的空间分布特征和属性特征，研究事故的成因，最后将城市区域按危险等级进行分类。采用 GIS 技术可以为道路交通管理、事故分析、事故预防、交通规划与决策等提供一个技术先进且有效的手段。

（2）路况　交通拥堵问题已经在我国各大城市日益凸显，最好的解决方法已经不是无限制地修建或扩建道路，而是要发展智能交通。作为智能交通的一个领域，路况信息的实时获取显得尤为重要。通过图像处理与模式识别等信息处理技术手段进行路况信息的实时采集，对当前道路拥堵状况做出真实、准确的描述，是智能交通系统中最基本和最重要的工作。

传统的检测方法如线圈检测，需要占用道路，埋入感应线圈，这无疑增大了该条道路的交通压力。视频检测是现在发展很快的一项检测方法。其通过图像分割和目标跟踪识别可以提取道路机动车的数量和速度，然后将道路机动车的数量和速度作为路况特征参数对路况进行分类，接着使用基于帧间差分方法更新道路背景模型，从而统计出现频率最高的灰度值，得到初始背景数据。最终，通过道路初始背景数据和道路动态数据计算分析出道路机动车的相关数据。

6.2.4　交通信息中云计算的安全

1. 安全软件

云平台安全体系建设是一项复杂的系统处理工程，需要"四层两域"共同采取措施才能够实现这一目标；同时，云计算信息安全需要通过持续努力、不断完善与监督才能逐渐达到并保持期望的信息安全水平。例如微软公司设计的信息安全框架，其建立了多层防御结构，能快速、有效地预警安全事件。

2. 数据服务器

云计算安全服务器特征定义是高密度、低能耗、易管理。

（1）高密度　未来的云计算中心将越来越大，而土地则寸土寸金，机房空间捉襟见肘，如何在有限空间容纳更多的计算节点和资源是发展关键。

（2）低能耗　云数据中心建设成本中电力设备和空调系统投资比重达到 65%，而数据中心运营成本中 75% 将是能源成本。可见，能耗的降低对数据中心而言是极其重要的工作，而云计算服务器则是能耗的核心。

（3）易管理　数量庞大的服务器管理起来是个很大问题，通过云平台管理系统、服务器管理接口实现轻松部署和管理则是云计算中心发展必须考虑的因素。

3. 数据安全

云计算关于交通信息数据与安全，主要包括以下五个方面：

（1）对数据进行安全隔离　首先要对数据进行安全隔离。对数据的隔离是为实现不同交通数据信息的隔离，可根据应用具体需求，采用物理隔离、虚拟化等方案实现安全隔离。

（2）对数据进行访问控制　在数据的访问控制方面，可以采用身份认证的方式，对用户身份进行实时的监控、权限认证等，防止非法越权访问。在虚拟应用环境下，可设置虚拟环境下的逻辑边界安全访问控制策略，如通过加载虚拟防火墙等方式实现虚拟机间、虚拟机组内部精细化的数据访问控制策略。

（3）对数据进行加密存储　对数据进行加密设置，可以使该数据被人非法窃取时产生乱码现象，从而无法得知具体的信息内容。在加密算法选择方面，应选择加密性能较高的对称加密算法；在加密密钥管理方面，应采用集中化的用户密钥管理与分发机制，实现对用户信息存储的高效安全管理与维护；对云存储类服务，云计算系统应支持加密服务，对数据进行加密存储，防止数据被他人非法窥探；对于虚拟机等服务，则建议用户对重要的用户数据在上传、存储前自行进行加密。

（4）对数据进行加密传输　交通信息中的云计算，数据的网络传输是不可避免的，因此，保障数据传输的安全性也很重要。数据传输加密可以选择在链路层、网络层、传输层等层面实现，采用网络传输加密技术保证网络传输数据信息的机密性、完整性、可用性。对于管理信息加密传输，可采用 SSH、SSL 等方式为云计算系统内部的维护管理提供数据加密通道，保障维护管理信息安全。对于用户数据加密传输，可采用 VPN 技术提高用户数据的网络传输安全性。

（5）做好数据的备份与恢复　为应对突发的云计算平台的系统性故障或灾难事件，无论你的数据存放在何处，你都应该慎重考虑数据丢失风险，对数据进行备份，以备丢失时进行快速恢复。比如在虚拟化环境下，应该对磁盘数据进行备份与恢复，以实现数据丢失时，可快速进行虚拟机恢复。

智能网联汽车运用云计算将道路信息进行规划和对比，识别出最佳路线，在行驶过程中收集车内外的各种数据，使车辆能遵守交通规则，并且在本身无故障的前提下，按时到达目的地。

6.3　云计算在智能网联汽车中的应用

云计算在智能网联汽车的应用有很多，目前主要有汽车控制模块、远程定位及导航、远程车况检查等几个方面。

1. 汽车控制模块

汽车控制模块主要由远程汽车控制、远程空调控制等组成。

（1）远程汽车控制功能　远程汽车控制主要包括汽车远程上锁、远程解锁、远程汽车起动等功能。

远程上锁、解锁主要为解决某一时刻，人和钥匙分离，从而导致汽车不能正常使用的情况。这个时候，通过云钥匙，就能实现手机开关车门、手机起动车辆等服务（图6-5），为汽车的使用带来便利。

基于远程汽车控制的基础，某些企业还研发出分时租赁功能。通过 App 控制车辆解锁、起动，以及计算使用时间，并通过使用时间进行收费。当使用者到达目的地后，再通过 App 控制车辆上锁。分时租赁提高了车辆使用率。

（2）远程空调控制功能　夏天室外温度高达 40℃，车内温度往往更高，所以很多车主会选择提前几分钟把汽车空调打开，过几分钟再上车，虽然这样能够使上车时更加凉爽，但是效率实在太低，真正愿意提前开空调的车主还是少之又少。远程空调控制是通过云服务将手机与汽车相连接，然后在手机 App 上控制汽车空调的起动（图6-6），这样就免去了本人跑一趟的烦恼。在开启空调的同时，设置好空调开启的时长，当超过设置的时间，汽车未检查到驾驶人上车时，空调将自动关闭，从而避免开空调后因事而忘记上车，导致燃油浪费。

图6-5　远程解锁车辆图

图6-6　远程开启汽车空调图

2. 远程定位及导航

我国城市化建设的速度之快令世界惊讶，城市都是几年变一个模样，想靠大脑记住所有的路几乎不可能，所以现在几乎每一辆车都会安装导航。一些租车公司为了车辆的安全，也会安装一些定位系统，但是这些导航和定位在功能上都不是很完善。基于云服务的导航和云定位使此功能得到大大的提高，它能通过汽车的 GPS 定位，上传至云服务器记录汽车的行驶轨迹及汽车所处的位置，然后通过手机 App 可以查询该轨迹和位置。很多人有这样的体会，在路边等着家人或者朋友开车过来，但是迟迟都没到，一遍一遍打电话询问又怕影响驾驶人的正常驾驶，有了这个云定位就无须询问，随时监控汽车的位置，安心等车。传统的汽车定位都是加装上去的，直接去除电源线定位系统就失效了，而云定位是在车内部的，想要破坏就需要拆解汽车，使得汽车安全性更高，这样对于监控汽车能够提供很大的帮助。另外，很多云导航附带远程地图推送功能（图 6-7），使得汽车导航在手机上就能设置好，免去了上车设置导航的烦恼。

图 6-7 云导航图

如果所有汽车都有云定位和云导航系统，那么云平台会记录行车轨迹和车辆的位置，这些数据可以为交通控制以及行为习惯提供分析数据。比如某一个车流量非常大的路口，可以通过大数据分析出每一个时段某个路口各个方向的车流量，从而为疏导交通提供依据。另外，通过某一个区域的车辆数，可以判断在该地区是否应该设置相应的维修点及加油站等，也能够增加资源的利用率。

3. 远程车况检查

车辆控制单元能够把自身的数据通过云平台发送到手机 App 上，这样车主就可以通过 App 检查汽车的车门落锁情况、油箱油量、综合油耗、轮胎胎压等仪表上常见的数据（图 6-8）。除此之外还能对汽车发动机、电子驻车系统、ABS 系统、SRS 系统、仪表系统、机油压力等数据进行检查，相当于有了一个免费的故障诊断仪。这样每次出远门之

图 6-8 远程检查车况图

前检查一遍，能够将很多不必要的隐患扼杀在萌芽状态。比如在上车之前检查到胎压太低，轮胎漏气了，这样就可以提前安排时间去补胎，而不是临出门前才发现轮胎没气了，导致整个行程的延误。

习　题

1. 判断题

1）云计算是一种基于互联网的、大众按需随时随地获取计算资源与能力进行计算的新计算模式。　　　　　　　　　　　　　　　　　　　　　　　　　　　（　　）

2）云计算的服务层是指集成了企业应用从开发、运维、运营及配套的各种工具和能力的平台环境。　　　　　　　　　　　　　　　　　　　　　　　　　　（　　）

3）根据资源部署的方式，面向服务的对象不同，可以把云服务分为公有云、私有云。　　　　　　　　　　　　　　　　　　　　　　　　　　　　　　　（　　）

4）云计算涵盖了服务和平台两个方面，二者既可相互独立，又可紧密结合。（　　）

2. 选择题

1）云计算的系统架构指的是什么？（　　　）

A. 三层三域　　　　B. 三层两域　　　　C. 四层三域　　　　D. 四层两域

2）云计算系统架构参考模型中基础设施层包含下列哪些部分？（　　　）

A. 物理资源　　　　B. 操作系统　　　　C. 软件系统　　　　D. 以上都是

3）下列属于信号控制方式的是哪一种？（　　　）

A. 点控方式　　　　B. 线控方式　　　　C. 面控方式　　　　D. 以上都是

4）交通诱导系统主要发布的信息是哪些？（　　　）

A. 警告警示信息　　B. 交通诱导信息　　C. 公众信息　　　　D. 以上都是

3. 思考题

1）分析云计算服务和云计算平台的区别和联系。

2）哪一类云计算模型在满足数据安全性高的同时有资源弹性伸缩的需求？

3）联系自己身边的实际，试举 2～3 个云计算在智能网联汽车上应用的例子。

第 7 章

智能网联汽车相关测试技术

导读

　　本章以智能网联汽车安全为出发点，引出智能网联汽车测试的相关内容，如智能网联汽车测试的目的、意义和方法；然后依据我国颁布的文件，介绍了智能网联汽车测试主体、测试驾驶人及测试车辆的含义和相关要求，归纳总结了测试程序、测试管理、交通违法和事故处理，接着在此基础上介绍了国际以及我国智能网联汽车测试标准；最后简要介绍了国内外智能网联汽车封闭测试区和开放测试道路的情况。

本章知识点：
- 智能网联汽车测试概述
- 智能网联汽车测试规范
- 智能网联汽车测试标准
- 智能网联汽车测试场景

7.1 智能网联汽车测试概述

　　智能交通系统（ITS）为道路交通描绘了一幅理想蓝图，当前 ITS 发展的核心已经从道路转移到了车，智能网联汽车已经成为 ITS 新的制高点。智能网联汽车当前正在从驾驶辅助（Driver Assistance，DA）向自动驾驶（Automated Driving，AD）发展升级，基于雷达、摄像机等传感器的自主式智能汽车也与基于 V2X 无线通信的网联汽车快速融合，以智能网联汽车为核心构建的智能交通系统正快速成为现实。

　　对于智能网联汽车而言，既要满足安全、节能的社会要求，又要满足高性能、舒适性、个性化、长寿命等用户的多样化要求。随着社会的不断进步，新的技术不断被引入并带来一些需求，如自动驾驶技术、无线通信技术、云计算技术等应用需要回答这些技术是否比人类驾驶更安全等问题。此外，随着信息量的增加，车载系统也越来越复杂，需要保证这些系统的可靠性、功能安全性。因此，为了确保智能网联汽车能够满足用户多样性的要求，需要依据测试规范和测试标准运用对应的测试方法与工具对车辆进行测试。

7.1.1 智能网联汽车测试目的

智能网联汽车测试的目的是测试汽车零部件和整车的功能、性能是否符合一定的要求，或者与其他汽车相比，是否具备更佳的性能等。智能网联汽车测试主要有符合性测试、比对测试和研发测试三种。

1. 符合性测试

对于符合性的定义，在不同的标准中表述有所不同，在此所谈到的符合性指的是产品、过程或服务及有关结果是否符合指定的规范要求，多指标准符合性测试。标准符合性测试是依据一个标准的描述对标准的某个实现进行测试，判别一个标准的实现与所对应的标准描述是否相一致。通常可以根据符合性测试的结果评价该实现是否符合既定的目标。若测试结果认定目标没有实现，则须对进行标准符合性测试的对象做修正改进。

标准符合性测试是用于测量产品的功能和性能指标与相关国家标准或行业标准所规定的功能和性能指标之间符合程度的活动。它有别于一般的测试，标准符合性测试的依据和规程一定是国家标准或行业标准，而不是实验室自定义的或其他的、非正式的相关规范要求。

2. 比对测试

比对测试是为了比较各种汽车的性能而进行的测试与评价活动，如各种汽车专业杂志举办的各类汽车的性能比较活动，或者在汽车设计初始阶段，作为决定质量目标的一种信息来源，对竞争对手的车辆的性能进行调查、比较研究的测试活动。

比对测试最重要的目标是通过对两个或两个以上对象的对比结果进行分析，获得或探究某种因素与对象之间的关系，并将之作为某种选择或决定的依据。例如，在汽车ECU控制软件开发过程中，为了检验和评估所开发的或自动代码生成的控制器代码与所设计逻辑的一致程度，往往需要通过比对测试的方式，测量与评价代码模块与设计控制器模型在不同设定输入条件下的输出结果。基于符合国际汽车功能安全标准 ISO 26262 规定，在采用基于模型的自动代码生成开发方式中，采用代码与模型的一致性对比测试，可以将代码安全审查的工作转移到模型安全审查和工具安全审查上，因而大大降低了开发方承担的工作量和难度。

3. 研发测试

研发测试是为了改进汽车性能和产品开发而进行的测试与评价活动。一般来说，学校、研究所或汽车制造厂商、汽车零部件厂、汽车电子厂商进行的研究或开发测试属于此范畴。为了适应市场对汽车性能、功能的要求和用户需求的多样化，研发阶段的测试与评价涉及范围非常广，为了适应新技术还需要不断地制定新的测试与评价方法。

研发测试最重要的目标是在最初阶段就把相应的质量问题或安全问题考虑进去，以便可以直接把研发设计阶段的成果作为生产的模板，如此不但有利于缩短研发时间，而且有利于降低研发成本。由此可见，在研发阶段需要进行一定量的模拟测试和实车测试。

值得注意的是，研发测试不仅仅是为了证明产品能够实现既定功能，还要尽可能多地发现产品中的错误和缺陷，而且这种发现越早越好，这样更改产品设计的成本更低。理想情况下，通过所有研发测试意味着车辆开发能够最终定型，因此，对于研发测试来说，最重要的是保障有效性、客观性和完整性。

7.1.2　智能网联汽车测试意义

智能网联汽车技术的开发与应用一直以来备受关注，当前除了研究智能网联汽车的新功能和算法之外，智能网联汽车在行驶环境中的可靠与安全已成为开发的最大难点。因此，只有通过完善的智能网联汽车测试与评价技术，才能够尽早在研发阶段发现问题，挖掘隐藏的功能缺陷及不合理之处，才能够保证智能网联汽车应用的功能完备性及有效性。

1. 保证车辆行驶的安全

智能网联汽车是汽车产业的发展方向，通常来说，智能网联汽车是从驾驶辅助逐步提高自动化到实现自动驾驶的过程。目前驾驶辅助技术的渗透率正在逐渐上升，部分自动驾驶、有限自动驾驶技术也发展迅速，推动汽车向完全自动驾驶乃至无人驾驶方向前进。但是，汽车的首要功能是能够将人或者货物从一个地点运送到另一个地点，车辆的智能化和网联化是为了更好、更有效地实现上述功能，而安全是首先要保证的。通过对智能网联汽车的功能和性能进行测试与评价，能够确保智能网联汽车安全、高效地完成任务，且不会干扰正常的交通环境。

2. 推动汽车行业的发展

测评和标准本身对整个汽车产业来说是一种推动和促进的作用。完善的测评工作首先能够对智能网联汽车进行基本的判断和分类，根据智能网联汽车的定义，确定厂商提供的车辆是否属于智能网联汽车，并根据车辆的智能化和网联化的程度对车辆进行分类。同时，通过测评形成标准，能够促成一些参考架构，使得所有的参与机构能够基于车联网和自动驾驶的标准参考架构来促进和实现生态系统的发展。另外，搭建开放共享的测试评价平台，既能保证各个参与方保持自己独特的自动驾驶和车联网的功能，同时满足标准实现互联互通。

从国家层面来看，智能网联汽车作为一项决定未来经济的创新技术，只有具备成熟的智能网联汽车测试技术与丰富的测试经验，才能保证智能网联汽车系统应用中的安全、稳定和可靠，才能够抓住新的市场机遇。完善智能网联汽车的测评工作是我国加快工业化与信息化融合和汽车产业转型升级的基础，能够为智能网联汽车的大规模产业化和应用创造条件，促进和实现汽车产业向生态系统的发展，同时推动开放共享的公共平台建设，推动车辆智能化和网联化的开发和研究。

7.1.3　智能网联汽车测试方法

智能网联汽车常见的测试方法主要包括模型在环测试方法、软件在环测试方法、模型在环和软件在环对比测试方法、硬件在环测试方法、台架在环测试方法和实车测试方法。其中模型在环测试、软件在环测试和硬件在环测试均属于计算机测试方法。

1. 模型在环、软件在环测试方法

（1）模型在环测试方法　基于模型的系统工程（Model-Based System Engineering，MBSE）是一种用于解决设计复杂控制、信号处理以及通信系统中相关问题的数学和可视化方法，它被广泛应用于运动控制、工业设备、航天以及汽车相关应用中，是一种主流的开发与测试方法。

模型提供了一个物理系统的抽象框架，可以使工程师忽略无关的细节而把注意力放到最重要的部分来思考系统的整体设计。工程中的所有工作内容都是依赖模型来理解复杂的、真实世界的系统。在 MBSE 中，模型是整个开发过程中不断细化的可执行规范（通常使用文本形式表示的需求来指导正式模型的开发，这些模型随后将使用代码生成转化为代码）。可执行规范不仅包含功能设计模型和软件逻辑，还包括设备和环境模型、高层需求的链接和其他文件，以及用于自动化仿真结果评估的验证数据。

依据模型执行的仿真顺序也称为模型在环测试，如图 7-1 所示。模型在环测试的测试数据来自测试矢量数据库或实际系统的模型。模型在环测试的结果可用于验证软件行为是否正确，并确认开发流程的初始需求。通过模型在环测试收集的信息会成为代码验证的基准。

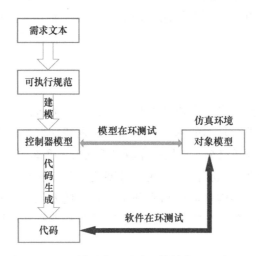

图 7-1　模型在环测试和软件在环测试

（2）软件在环测试方法　软件在环测试（又称为软件算法测试）（图 7-1）是指在主机上对仿真中生成的代码或手写代码进行评估，以实现对生成代码的早期确认。与模型在环测试类似，输入测试矢量来自测试数据库或设备模型，当软件组件包含需要在目标平台上执行的生成代码（如更新控制器逻辑以满足新要求）和手写代码（如现有驱动程序和数据适配器）的组合时，此类验证可以发挥重要的作用。

通常利用软件在环测试来验证图形化模型中现有算法的重新实现，此时，可能需要花费较多成本来维护一些旧的但是正确的代码。然而，由于在建模环境中重新实现及验证具有非常重要的意义，在这种情况下，仿真就成为比较新模型实现和旧代码中已有算法的输出的环境。

软件在环测试可以分为静态测试和动态测试，其中动态测试包含动态白盒测试和动态黑盒测试。

1）静态测试。静态测试就是不实际运行被测软件，只是静态地检查程序代码、界面或文档中可能存在的错误过程。通过对程序静态特性的分析，找出程序的漏洞和可疑之处，如不匹配的参数、不适当的循环嵌套和分支嵌套、不允许的递归、未使用过的变量、空指针的引用和可疑的计算等。静态测试结果可用于进一步的查错，并为测试用例的选取提供依据。主要测试内容包括代码检查、静态结构分析、代码质量分析等。

2）动态白盒测试。动态白盒测试又称为结构测试、逻辑驱动测试或基于程序的测试。采用这一测试方法，测试者可以看到被测的源程序，分析程序的内部构造，并根据其内部构造设计测试用例。进行动态白盒测试时，测试者可以完全不顾程序的功能，通过测试来检测产品内部动作是否按照需求规格说明书的规定正常进行。动态白盒测试按照程序内部的结构测试程序，检验程序中的每条通路是否按预定要求正确工作。

3）动态黑盒测试。动态黑盒测试又称为功能测试、数据驱动测试或基于规格说明的测试。用这种方法进行测试时，被测程序被当作无法打开的黑盒，在完全不考虑程序内部结构和内部特性的情况下，测试者只知道该程序输入和输出之间的关系，或是程序的功能，测试者依靠能够反映这一关系或程序功能的需求规格说明书确定测试用例和推断测试结果的正确性，所依据的只能是程序的外部特性。因此，动态黑盒测试是从用户观点出发的测试，测试者已知产品所应具有的功能，通过测试来检测每个功能是否都能正常使用。测试者在程序接口处进行测试，只检查程序功能是否能按照需求规格说明书的规定正常使用，程序是否能适当地接收输入数据和产生正确的输出信息，并且保持外部信息的完整性。

（3）软件在环与模型在环的对比测试方法　除了上述两种方法之外，还有一种软件在环与模型在环的对比测试方法，这种方法主要实现了模型和代码的同步执行。该方法在模型生成的测试代码中插入控制代码来记录状态信息，并将这些状态信息实时发送给建模平台，平台解析后以高亮显示的方式同步展示模型的执行过程；同时，测试过程中还可以获取当前监视的全局变量信息，测试人员通过监视所要观察的全局变量信息，分析具体建模是否正确或是否满足实际需要。

2. 硬件在环测试方法

汽车系统项目的开发是一项系统工程，科技含量高、工作量大，整车和各零部件的开发同步进行。为了保证项目的进度，将硬件置于测试回路是一种将实物部件和软件模型联合、广泛运用于部件测试或控制系统测试的技术形式（图7-2）。硬件在环测试与模型在环测试、软件在环测试不同之处在于引入了信号的传递

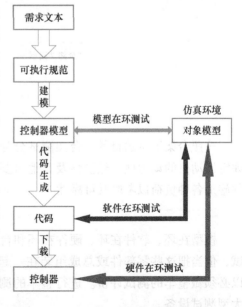

图 7-2　硬件在环测试

环节。

广义上来说，硬件在环测试系统可以分为四种类型（在此所谈到的硬件在环测试主要是第一类）。

第一类，将真实的控制器置于测试回路，将其余部件的压力或电力信号用真实信号或者仿真环境模拟的信号纳入控制器的控制回路，不包含动力加载装置。

第二类，用计算机快速地建立其控制器模型，而将受控对象作为实物放置在仿真回路中，构造起在环测试系统，这个过程也称为快速原型设计。

第三类，利用动力加载装置模拟系统其余部件的动力学特性对实物部件进行加载，实物部件输出的信号反馈回系统模型，构成系统回路。

第四类，主要是在第一类的基础上，将在回路系统模型过程量或实物部件的输出量纳入一个更大的控制器控制回路。

3. 台架在环测试方法

台架在环测试是指对待测对象的一些指标进行检测，如汽车发动机台架测试，可以测试发动机的最高转速、使用寿命等。发动机台架测试为发动机及相关零部件提供了测试、验证以及改进的技术支持。在台架在环测试中，由于待测的对象实物需要加载装置提供力矩、速度或电流等参数，将整个台架系统与其余部件模型构成回路（图7-3），因此，当待测对象为控制对象时还会引入新的控制回路。

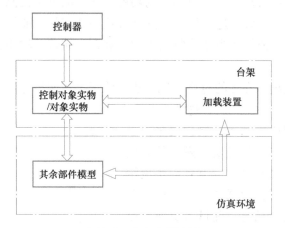

图7-3　台架在环测试

按照台架测试的目的，台架测试分为性能测试和可靠性测试。其中性能测试是为了评定发动机的动力性、经济性及其他重要性能；可靠性测试是通过对发动机及相关零部件施加各种负荷以考验其可靠性。

4. 实车测试方法

模型在环、软件在环、硬件在环和台架试验适用于控制器、部件、系统或总成的测试，但当把这些零部件或总成组装在一起时，也常常会产生意想不到的故障或问题，所以必须做整车的测试评价。进行整车的测试与评价，一般需要借助于试验场或一些通用大型测试设备。

（1）汽车试验场　汽车试验场是进行汽车整车道路试验的场所。为满足汽车的实际行驶要求，汽车试验场的主要设施是集中修建的各种各样的试验道路，包括汽车高速行驶的环形跑道、可造成汽车强烈颠簸的凸凹不平的道路以及动力学广场、坡道、ABS 试验路、噪声试验路等，给汽车提供稳定的路面试验条件。汽车试验场有大有小，试验道路的形态和长短也不尽相同，而且随着汽车技术的发展，不断会提出修筑新的试验设施的要求。汽车试验场是重现汽车使用中遇到的各种各样道路条件和使用条件的试验场地。试验道路是实际存在的各种各样的道路经过集中、浓缩、不失真的强化并典型化的道路。汽车在试验场试验比在实验室或一般行驶条件下的试验更严格、更科学、更真实。其主要任务包括：汽车产品的质量鉴定测评；汽车新产品的研发、认证测试；为实验室试验提供路谱采集条件；汽车法规、标准的研究和测评等。

（2）通用大型试验设备　通用大型试验设备包括环境试验设备、碰撞试验设备、电波暗室和半消声室等。

1）环境试验设备。为了保障汽车在使用环境中发挥期望的性能，需要在不同气候环境下进行汽车试验。由于实地试验所消耗的时间成本和经济成本过高，因此期望有高精度模拟世界各地气候条件的环境试验设备，从而快速检验汽车的环境适应性。常见的环境试验设备有高温环境风洞试验室、低温环境风洞试验室、低压试验室、防尘性能试验室、淋雨试验室等。

2）碰撞试验设备。为了保证车辆的安全性，车辆必须经过严格的碰撞测试检验。最典型的碰撞试验设备是碰撞试验室，一般通过牵引系统将车辆牵引到规定的速度后释放，车辆依靠惯性与固定壁障、蜂窝铝壁障或其他车辆等进行碰撞，检验车辆的车身结构和约束系统是否能够为乘员提供良好的保护。当前一些典型的碰撞试验，如正面全重叠碰撞、正面 40% 偏置碰撞、侧碰等都已经形成标准，也是新车碰撞测试（New Car Assessment Program，NCAP）确定车辆安全星级的基础。同时，针对车辆的开发，一些更接近现实生活的事故形态，如正面 25% 小重叠率碰撞、正面撞柱等也被纳入碰撞试验中。另外，为提高测试效率同时降低测试成本，台车也是广泛采用的碰撞试验设备。

3）电波暗室。随着汽车电子系统占比的逐渐提高，车载电子设备的性能要求越来越重要。由于车载电子设备的振动、温度和电磁等环境较为恶劣，为确保车载电子的性能可靠，需要衡量其电磁干扰抗性和电波噪声，因此可以建立电波暗室，排除室外电磁环境的干扰。

4）半消声室。随着汽车安静性能要求的提升，噪声的相关要求逐渐严格，为了进行有效测量，往往需要采用半消声室。

7.2　智能网联汽车测试规范

2018 年 4 月 12 日，工信部、公安部、交通运输部联合印发《智能网联汽车道路测试管理规范（试行）》（以下简称《管理规范》），对测试主体、测试驾驶人及测试车辆、测试申请及审核、测试管理、交通违法和事故处理等做出规定。

7.2.1 测试主体、测试驾驶人及测试车辆

1. 测试主体、测试驾驶人及测试车辆的含义

测试主体是指提出智能网联汽车道路测试申请、组织测试并承担相应责任的单位。

测试驾驶人是指经测试主体授权，负责测试并在出现紧急情况时对测试车辆实施应急措施的驾驶人。

测试车辆是指申请用于道路测试的智能网联汽车，包括乘用车、商用车，不包括低速汽车、摩托车。

2. 测试主体、测试驾驶人及测试车辆的要求

目前我国所测试的大部分汽车属于有条件自动驾驶，不仅不能离开人，也要对测试驾驶人进行严格要求。为保障道路测试安全，《管理规范》要求测试驾驶人始终处于驾驶位置上，随时准备接管车辆。测试驾驶人需满足签订劳动合同或劳务合同、经过自动驾驶培训、无重大交通违章记录等条件。此外，《管理规范》对测试主体、测试车辆等提出了严格要求，如：对测试主体提出单位性质、业务范畴、事故赔偿能力、测试评价能力、远程监控能力、事件分析重现等条件；对测试车辆提出注册登记、基本安全、驾驶模式转换、数据记录、特定区域测试、自动驾驶动能等六项基本要求。

7.2.2 测试申请及审核

智能网联汽车测试需遵循一定的流程，具体测试申请及审核流程如图 7-4 所示。

测试主体首先向拟开展测试路段所在地的省、市级政府相关主管部门提出道路测试申请。然后省、市级政府相关主管部门负责测试路段选择、组织受理、审核测试申请，为审核通过的测试车辆逐一出具智能网联汽车道路测试通知书（需注明测试主体、车辆识别代号、测试驾驶人姓名及身份证号、测试时间、测试路段等信息）。

测试主体凭测试通知书及《机动车登记规定》所要求的证明、凭证，向测试通知书载明的公安机关交通管理部门申领试验用机动车的临时行驶车号牌。

已申领临时行驶车号牌的测试车辆，如需在其他省、市进行测试，测试主体还应申请相应省、市的测试通知书，并重新申领临时行驶车号牌。但是，相应省、市级政府准许持其他省、市核发的测试通知书、临时行驶车号牌在本行政区域指定道路测试的除外。

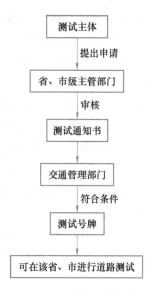

图 7-4 智能网联汽车测试申请及审核流程

7.2.3 测试管理

测试管理主要包含测试主体管理、测试驾驶人管理、测试车辆管理和政府职责管理

四个方面的内容，如图 7-5 所示。

图 7-5　测试管理要求

当测试车辆发生以下情况时会被撤销测试通知书：

1）省、市级政府相关主管部门认为测试活动具有重大安全风险的。

2）测试车辆有违反交通信号灯通行、逆行或者依照道路交通安全法律法规可以处暂扣、吊销机动车驾驶证或拘留处罚等的严重交通违法行为的。

3）发生交通事故造成人员重伤、死亡或车辆毁损等严重情形，测试车辆方负主要以上责任的。

7.2.4　交通违法和事故处理

在测试期间发生交通违法行为的，按照我国道路交通安全法律法规对测试驾驶人进行处理；发生交通事故的，按照道路交通安全法律法规等认定当事人责任和赔偿责任，如构成犯罪还应追究其刑事法律责任；在发生交通事故后，当事人有义务保护现场并报警；此外，测试主体和省、市级相关主管部门也应分别在发生事故时和事故责任认定后按照规定时间上报事故情况，如图 7-6 所示。

交通违法处理	事故责任认定及处理	事故情况上报
由公安机关交通管理部门依据现行法律法规对违法进行认定处理	依据道路交通安全法律法规认定责任，构成犯罪的追究刑事责任	事故当事人、测试主体、省市级主管部门按照规定上报事故情况

图 7-6　交通违法和事故处理

7.3　智能网联汽车测试标准

智能网联汽车是汽车与信息、通信等产业跨界融合的重要载体和典型应用，是全球创新热点和未来产业发展制高点，世界各国都在不断地研究中。目前，已经研究发布了部分国际标准或欧洲汽车技术标准（见表7-1）。

表7-1　部分国际标准或欧洲汽车技术标准

标 准 名 称	国际/国外标准号
道路车辆功能安全	ISO 26262
汽车前撞预警系统（FCW）性能要求及试验方法	ISO 15623—2013，ECE R131
车道偏离预警系统（LDW）性能要求及试验方法	ISO 17361—2007，ECE R130
低速行驶操控辅助性能要求及试验方法	ISO 17386
扩大范围的倒车辅助系统性能要求及试验方法	ISO 22840—2010
弯道车速预警系统性能要求及试验方法	ISO 11067
低速跟车系统性能要求及试验方法	ISO 22178—2009
自适应巡航控制系统（ACC）性能要求及试验方法	ISO 15622—2010
全速范围自适应巡航控制性能要求及试验方法	ISO 22179—2009
商用车辆自动紧急制动系统（AEB）性能要求及试验方法	ECE R131
正向碰撞缓解系统性能要求及试验方法	ISO 22839
交叉口信号信息与违规警告系统性能要求及评价方法	ISO 26684—2015
碰撞事故自动报警系统性能要求及评价方法	ISO 24978—2009

为了加强顶层设计，2017年12月，我国工业和信息化部、国家标准化管理委员会联合组织制定《国家车联网产业标准体系建设指南（智能网联汽车）》，将智能网联汽车标准体系框架定义为"基础""通用规范""产品与技术应用""相关标准"四个部分，同时根据各具体标准在内容范围、技术等级上的共性和区别，对四部分做进一步细分，形成内容完整、结构合理、界限清晰的14个子类，如图7-7所示（括号内数字为体系编号）。

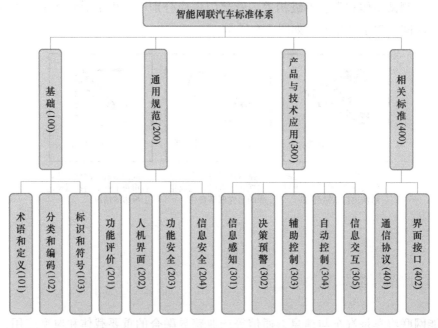

图7-7　智能网联汽车标准体系框架

目前，有关智能网联汽车测试方面的标准，有些子类中的项目已经立项或在预研中，有些已经确立发布。已发布标准分类见表 7-2。

表 7-2　我国已经发布标准项目情况

	标准项目及部分分类		状　态
通用规范	**功能安全（203）**		已发布 GB/T 34590—2017（1 ~ 10 部分）
	道路车辆功能安全（1 ~ 10 部分）		
产品与技术应用	**信息感知（301）**		
	自适应前照明系统性能要求及试验方法		已发布 GB/T 30036—2013
	道路车辆 3.5t 以上的商用车报警系统		已发布 GB/T 26776—2011
	车道偏离预警系统（LDW）性能要求及试验方法		已发布 GB/T 26773—2011
	汽车泊车测距警示装置性能要求及试验方法		已发布 GB/T 21436—2008
	辅助控制（303）		
	自适应巡航控制系统（ACC）性能要求及试验方法		已发布 GB/T 20608—2006

智能网联汽车是一个新生事物，因此有关测试的国家法律法规、地方法规、行业标准和企业标准仍在不断地研究和制定中。

7.4　智能网联汽车测试场景

依据不同的测试目的，智能网联汽车测试场景可以分为封闭测试区、开放测试道路和试车场三种。其中封闭测试区和开放测试道路主要检测智能网联汽车的功能，试车场主要测试智能网联汽车整车在行驶中的动态性能，如动力性、制动性、操作稳定性、平顺性等。由于智能网联汽车还在不断地研究与开发中，且目前常见的是在封闭测试区以及在开放道路对智能网联汽车进行测试，因此下面主要介绍封闭测试区和开放测试道路发展的情况。

7.4.1　封闭测试区

1. 智能网联汽车封闭测试区建设意义

在传统汽车行业，汽车从试验阶段到量产阶段需要经过大量的测试和验证环节。同样的，在智能网联汽车正式上公共道路行驶之前也需要有针对性的测试评价来证明其运行安全性。

国内对智能网联汽车申请上公共道路测试前均要求其进行充分的封闭场地试验和测试评价。其中三部委管理规范要求测试车辆应在封闭道路、场地等特定区域进行充分的实车测试，并由国家或省市认可的从事汽车相关业务的第三方检测机构进行检测验证。此外，北京、上海等省市也均有类似的车辆封闭场地试验和测试评价要求。由此可见，封闭场地的技术试验与安全性测试评价是智能网联汽车上路测试前必不可少的环节，是管理部门对智能网联汽车技术水平和安全性能进行评估的最直观、最明确的方式。

2. 智能网联汽车封闭测试区发展情况

（1）国外智能网联汽车封闭测试区发展情况　由于西方国家对智能网联汽车的研究开展较早，技术日臻成熟，因此也较早认识到建设智能网联汽车测试场地的重要性。目前，国外典型的智能网联汽车示范区有美国、英国、瑞典等国家（见表7-3）。

表7-3　国外典型智能网联汽车示范区基本情况

国家	示范区	运营时间	特　色
美国	GoMentum Station	2014 年	主要用于测试无人驾驶技术、V2V&V2I 和车联网技术
	M-city	2015 年	主要用于模拟高速公路环境的高速试验和城市近郊的低速试验，注重柔性化设计与强化试验方法
英国	Mira City Circuit	—	在传统汽车试验场的基础上升级改建，重点突出网联化测试环境，主要进行车辆硬件在环测试
瑞典	AstaZero	2014 年	全球首个大规模交通测试区域，测试综合性能力强，具备完整的测试功能，主要包括车辆动力学、驾驶人行为、V2V&V2I、功能可靠性和通信技术

（2）我国智能网联汽车封闭测试区发展情况　近几年，我国在智能网联汽车技术上有很大的进展，在智能网联汽车测试示范区陆续全国开花，近两年，除工信部合作推进的一批智能网联或自动驾驶示范区成立外，陆续有部分省市通过与机构合作，通过资本合作等形式，打造了基于自身产业需求的智能网联汽车测试场景。我国典型智能网联汽车示范区基本情况见表7-4。

表7-4　我国典型智能网联汽车示范区基本情况

示　范　区	开放时间	特　点
上海国家智能网联汽车示范区	2016 年 6 月封闭测试区一期正式运营	以服务智能汽车、V2X 网联通信两大类关键技术的测试及演示为目标
浙江 5G 车联网应用示范区	2016 年 7 月，云栖小镇初步建成 5G 车联网应用示范	基于 LTE-V 车联网标准的智能汽车的车-车、车-路信息交互场景
浙江 5G 车联网应用示范区	2016 年 11 月，乌镇示范试点项目进入试运行	以视频技术为核心的透明示范路，4G + 的宽带移动测试网络，智能化停车应用场景
辽宁盘锦北汽无人驾驶体验项目	2016 年 10 月投入运营	综合运用 V2X、V2V、V2I 等诸多车联网相关技术
重庆智能汽车与智慧交通应用示范区	2016 年 11 月，智能汽车集成系统试验区（i-VISTA）建成并开始启用	包括智能驾驶、智慧路网、绿色用车、防盗追踪、便捷停车、资源共享、大范围交通诱导和交通状态智慧管理等八大领域应用
深圳无人驾驶示范区	2017 年底	M-CITY 无人驾驶汽车测试
湖南湘江新区智能系统测试区	2018 年 6 月	高速公路模拟测试环境，以及无人机起降跑道
广东智能网联汽车与智慧交通应用示范区	2018 年 6 月	以 5G 试点网络和物联网为核心的产业生态体系
京冀智能汽车与智慧交通产业创新示范区	2018 年底，建设道路总长为10km 的封闭试验场地	绿色用车、智慧路网、智能驾驶、便捷停车、快乐车生活、智慧管理六大应用示范

7.4.2 开放测试道路

公共道路测试是智能网联汽车技术研发和应用过程中必不可少的步骤。为使车辆在各种道路交通状况和使用场景下都能够安全、可靠、高效地运行，自动驾驶功能需要进行大量的测试、验证工作，经历复杂的演进过程。智能网联汽车在正式推向市场之前，必须要在公共道路上通过实际交通环境的测试，更加全面地验证自动驾驶功能，实现与道路、设施及其他交通参与者的适应与协调。

1. 国外开放测试道路发展情况

（1）美国 目前美国已有加利福尼亚州、亚利桑那州以及得克萨斯州允许开展自动驾驶公共道路测试，目前亚利桑那州有超过 600 辆自动驾驶汽车在该州公共道路上测试。

（2）德国和法国 2017 年 2 月 8 日，德国交通部在柏林宣布，德国和法国计划在两国之间的一段跨境公路上测试自动驾驶汽车。这一路段长约 70km，从德国西部萨尔兰州的梅尔齐希（Merzig）延伸至法国东部的梅斯（Metz），如图 7-8 所示。两地之间相距约 1h 车程，用于在真实的跨境交通中测试自动驾驶与网联汽车技术。

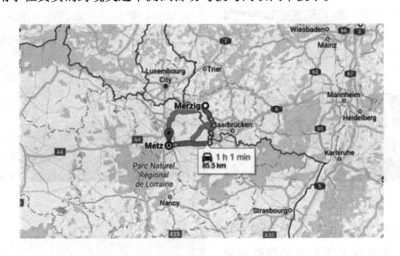

图 7-8 德国和法国跨境公路测试区

这条公路将开展的测试包括车辆与基础设施之间的 5G 无线通信、自动驾驶技术以及应急警报和呼救系统等。

2. 我国开放测试道路发展情况

目前，上海、北京、重庆等已先后明确智能网联汽车道路测试路段并颁发道路测试号牌，实现了智能网联汽车上路测试。

（1）上海 2018 年 3 月 1 日，上海市智能网联汽车道路测试第一批发车仪式在嘉定举行。此次发车标志着我国首批智能网联汽车测试车辆正式进入开放道路测试，也是国内首次明确的智能网联汽车开放道路测试路段。

上海市根据本市道路交通实际情况和第三方机构对相关道路的评估，在嘉定区划定了安全性高、风险等级低的 5.6km 道路（图 7-9 和图 7-10），作为本市第一阶段智能网联汽车开放测试道路。具体路段：博园路（墨玉南路至安研路路口），长度 2.7km；博园路（安虹路至安智路路口），长度 0.9km；北安德路（安礼路至安智路路口），长度 2.0km。下一步，将分级逐步开放更多的道路环境用于智能网联汽车测试。

图 7-9 上海智能网联汽车开放测试道路路线

图 7-10 智能网联汽车内部（左）、智能网联汽车（右）正驶在开放道路博园路测试路段

（2）北京 2018 年 3 月 22 日和 4 月 25 日，北京市颁发了两批自动驾驶道路测试车辆临时号牌（图 7-11），分别由百度、北汽新能源、蔚来汽车获得。北京市发放的牌照以 T3 等级为主，北京市已按照相关标准，在北京经济技术开发区、顺义区和海淀区确定了 33 条共计 105km 的首批开放测试道路。第一批获得号牌的百度公司 5 辆测试车辆，目前已在实际道路完成超过 15000km 的测试。第二批获得牌照的企业均已在国家智能汽车与智慧交

图 7-11 自动驾驶道路测试车辆临时号牌

通（京冀）示范区"海淀基地"内，开展了超过 5000km 的自动驾驶日常训练工作。

（3）重庆 2018 年 4 月，重庆市礼嘉社区环线道路被设定为自动驾驶开放测试道路

（图 7-12），此段道路共涉及 4 个路段，包括金通大道路段、礼仁街路段、金渝大道路段及工业园环线，全程约 12.5km。该路段人流车流较少，高差近 300m，涵盖了学校、住宅区、物流园区等，综合路况比较多样。

图 7-12　重庆市自动驾驶开放测试道路

习　题

1. 判断题

1）静态测试是指静态地检查程序代码、界面或文档中可能存在的错误过程。所以，静态测试又被称为逻辑驱动测试。　　　　　　　　　　　　　　　　　　（　　）

2）测试车辆是指申请用于道路测试的智能网联汽车，包括乘用车和低速汽车。

（　　）

3）已申领临时行驶车号牌的测试车辆无须再次申请就可在其他省、市进行测试。

（　　）

4）在进行智能网联汽车测试时，测试驾驶人可以不用坐在驾驶座位上。　（　　）

2. 选择题

1）依据一个标准的描述对标准的某个实现进行测试，判别一个标准的实现与所对应的标准描述是否相一致的测试是（　　）。

A. 比对测试　　　　　　　　　　　　B. 符合性测试

C. 研发测试　　　　　　　　　　　　D. 以上选项都不正确

2）下列（　　）不属于计算机测试方法。

A. 台架在环测试方法　　　　　　　　B. 模型在环测试

C. 硬件在环测试　　　　　　　　　　D. 软件在环测试

3）我国首次明确智能网联汽车开放道路测试路段的地点是在（　　）。

A. 北京海淀　　　　　　　　　　　　B. 重庆礼嘉社区

C. 上海嘉定

D. 深圳福田

4）下列（　　）是进行汽车整车道路试验的场所。

A. 开放测试道路

B. 汽车试验场

C. 封闭测试区

D. 以上选项都正确

3. 思考题

1）为什么要进行智能网联汽车测试？

2）假如某机构想测试新研发的智能网联汽车，那么需要经过哪些流程才能进行测试？

3）假如一辆智能网联汽车在测试期间发生了事故，应该如何处理？

第 8 章

智能网联汽车技术标准和法规

> **导读**
>
> 本章主要介绍智能网联汽车现有的政策、法规。首先从宏观方面介绍国家智能网联汽车法律法规出台的重要性和主要内容，接着在此基础上介绍了智能网联汽车的质量标准、信息安全标准，最后介绍了智能网联汽车道路测试的相关法规。
>
> **本章知识点：**
>
> - 国家智能网联汽车法律法规
> - 智能网联汽车质量标准
> - 智能网联汽车信息安全标准
> - 智能网联汽车道路测试法规

8.1 国家智能网联汽车法律法规

8.1.1 国家智能网联汽车法律法规的重要性

全球的汽车工业正在面临电动化、智能化、网联化的转型升级，各国纷纷通过发展智能网联汽车来保障交通安全、提升出行效率、促进节能减排，进而构建智能社会。发展智能网联汽车是提升国家综合竞争力、构建智能强国的重要抓手。近年来，美、日、欧等国家和地区都相继出台了以车辆智能化、网联化为核心的发展战略，制定专门的政策，加紧完善相关标准，修订或新制定专门的法律法规，政府大力推动完善相关政策规定，为智能网联汽车的发展扫除障碍，构建有利的发展环境。政策、法规是智能网联汽车研发、测试、生产、商用等各个环节的基础与保障，是智能网联汽车长远发展的内部驱动。因此，我国要在智能网联汽车新一轮的竞争中占据制高点与主动权，就必须有相关政策给予指导，由法律法规提供制度保障。

8.1.2 国家智能网联汽车法律法规的主要内容

近年来，我国对智能网联汽车的研究日益重视，自国务院 2015 年发布《中国制造2025》《关于积极推进"互联网+"行动的指导意见》将智能网联汽车发展明确为国家战略以来，国家发改委、工信部、科技部等部门组织出台了有关智能网联汽车的一系列政策文件，见表 8-1。此外，《中国智能网联汽车产业发展总体推进方案》等文件目前还在研制之中，有望在不久的将来发布，从而为智能网联汽车产业的进一步发展壮大提供更全面、细致、立体的政策保障。

表 8-1　有关智能网联汽车的政策文件

名　　称	出台部门	时间
《汽车产业中长期发展规划》	工信部联合国家发改委、科技部	2017 年 4 月
《国家车联网产业标准体系建设指南（智能网联汽车）》	工信部、国家标准化管理委员会	2017 年 12 月
《新一代人工智能发展规划》	国务院	2017 年 7 月

1. 《汽车产业中长期发展规划》

汽车产业是推动新一轮科技革命和产业变革的重要力量，是建设制造强国的重要支撑，是国民经济的重要支柱。为落实党中央、国务院关于建设制造强国的战略部署，推动汽车强国建设，2017 年 4 月，工信部联合国家发改委、科技部制定了《汽车产业中长期发展规划》。该规划分析了我国当前汽车产业发展现状和面临的形势，确立了指导思想和基本原则，规划了未来汽车发展目标。总体来讲，该规划的核心要义就是要做大做强我国品牌汽车，培育具有国际竞争力的企业集团。路线上要以新能源汽车和智能网联汽车为突破口，引领整个产业转型升级；措施上主要包括优化产业发展环境，推动行业内外协同创新，推动全球布局和产业体系国际化。具体来讲，该规划可概括为一个总目标、六个细分目标、六项重点任务和八项重点工程。

一个总目标即力争经过十年的持续努力，迈入世界汽车强国行列。

六个细分目标为关键技术取得重大突破、中国汽车品牌全面发展、国际发展能力明显提升、全产业链实现安全可控、新型产业生态基本形成、绿色发展水平大幅提高。

六项重点任务具体内容如下：一是完善创新体系，增强自主发展动力。整合优势资源建立跨产业协同平台，融入大众创业、万众创新，形成体系化的技术创新能力，组建汽车领域国家制造业创新中心，联合攻关核心共性技术。二是强化基础能力，贯通产业链条体系。推动整车与相关行业企业、零部件企业加强技术和资本合作，发展先进车用材料及制造装备，突破关键零部件技术瓶颈，建立安全可控的产业体系。三是突破重点领域，推动产业结构升级。大力发展汽车先进技术，推广成熟的节能技术，形成新能源汽车、智能网联汽车和先进节能汽车梯次合理的产业布局。四是加速跨界融合，构建新型产业生态。加快推动智能制造，创新融合发展模式，以互联网应用为抓手，推动汽车服务业发展，提高绿色发展水平。五是提升质量品牌，打造国际领军企业。完善产品质量标准体系，提升企业质量控制能力，加强品牌培育，深化国企改革，鼓励兼并重组，支持优势企业做大做强。六是深化开放合作，提高国际发展能力。引导企业把国际化作为未来发展的战略选择，抓住"一带一路"建设、国际产能合作机遇，加快实现全球发展布局。

八项重点工程分别是创新中心建设工程、关键零部件重点突破工程、新能源汽车研发和推广应用工程、智能网联汽车推进工程、先进节能环保汽车技术提升工程、"汽车＋"跨界融合工程、汽车质量品牌建设工程、海外发展工程。

以上几项内容息息相关，环环相扣。六个细分目标、六项重点任务和八项重点工程都围绕总目标开展研究。具体来讲，六个细分目标是汽车强国的细化考量指标；六项重点任务围绕六个目标提出，是目标实现的重要支撑；八项重点工程是六大任务的重要支撑和抓手。

2.《国家车联网产业标准体系建设指南（智能网联汽车）》

为了贯彻《中国制造 2025》战略部署、落实《深化标准化工作改革方案》和《装备制造业标准化和质量提升规划》有关精神和要求的重要举措，加强顶层设计，全面推动车联网产业技术研发和标准制定，推动整个产业的健康可持续发展，2017 年 12 月，工信部、国家标准化管理委员会联合组织发布了《国家车联网产业标准体系建设指南（智能网联汽车）》。该指南主要针对智能网联汽车通用规范、核心技术与关键产品应用，有目的、有计划、有重点地指导车联网产业智能网联汽车标准化工作，加快构建包括整车及关键系统部件功能安全和信息安全在内的智能网联汽车标准体系，充分发挥智能网联汽车标准在车联网产业关键技术、核心产品和功能应用的基础支撑和引领作用，并逐步形成统一、协调的国家车联网产业标准体系架构。

概括来讲，《国家车联网产业标准体系建设指南（智能网联汽车）》在智能网联汽车技术、测试评价、法律法规体系建设、示范推广方面做出规划，从技术推进、行业配套以及标准建设等多个维度，为汽车产业和技术的发展创造了良好的政策环境，旨在加快新一代信息通信、新能源、新材料等技术与汽车工业的融合。具体来讲，《国家车联网产业标准体系建设指南（智能网联汽车）》确立了智能网联汽车标准体系建设的指导思想、基本原则和建设目标，按照智能网联汽车的技术逻辑结构（图 8-1）、产品物理结构（图 8-2）相结合的构建方法，构建了智能网联汽车标准体系框架。

《国家车联网产业标准体系建设指南（智能网联汽车）》规划提出 99 项智能网联汽车领域标准项目，其中 24 项标准项目研究和制定工作已经启动。为全面推动智能网联汽车标准体系的建设，全国汽车标准化技术委员会（TC114）成立了智能网联汽车分技术委员会（SC34），负责标准体系建设的组织实施。

特别值得指出的是，国家相关政策部门已经对智能网联汽车有一个充分认识：肯定智能网联汽车已经成为汽车产业发展的战略方向，对培育数字经济、构建智能社会、建设现代化强国有深远意义，并理性分析智能网联汽车发展的优劣势，认为我国在体制机制、汽车产业、网络通信、基础设施、发展空间等方面具有战略优势。鉴于以上共识，国家也在积极行动，国家发展改革委正在组织编写《智能汽车创新发展战略》，旨在国家层面专门针对智能汽车而非将智能网联汽车作为一个应用方面，明确其发展方向，部署六大战略任务，该战略将成为指导我国智能网联汽车发展的一张宏伟蓝图和目标与行动结合的指导纲领。

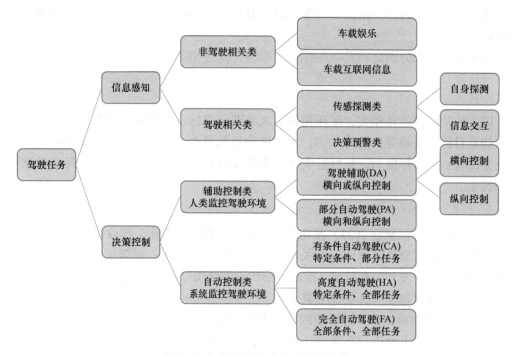

图 8-1　智能网联汽车技术逻辑结构

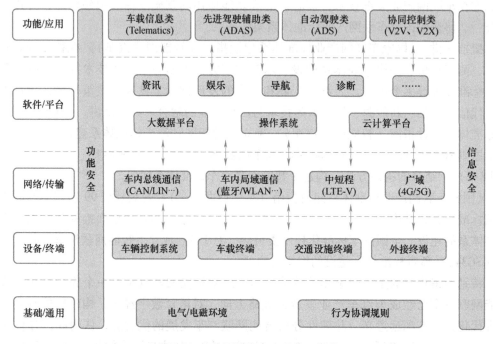

图 8-2　智能网联汽车产品物理结构

3.《新一代人工智能发展规划》

我国对人工智能高度重视。2016 年 7 月，人工智能首次被纳入《"十三五"国家科技创新规划》。2017 年 7 月 20 日，国务院印发《新一代人工智能发展规划》，在此规划中，智能网联汽车被作为一个重点应用领域专门部署。《新一代人工智能发展规划》指出：
"将发展自动驾驶作为智能运载工具的重要组成部分，形成我国自主的自动驾驶平台技术
体系和产品总成能力。"

为落实《新一代人工智能发展规划》，工信部正式印发《促进新一代人工智能产业发
展三年行动计划（2018—2020 年)》，提出以信息技术与制造技术深度融合为主线，以新
一代人工智能技术的产业化和集成应用为重点，推进人工智能和制造业深度融合，加快
制造强国和网络强国建设。

此外，科技部更是依托现有资源组织构建第一批国家新一代人工智能开放创新平台：
依托百度公司建设自动驾驶国家人工智能开放创新平台；依托阿里云公司建设城市大脑
国家人工智能开放创新平台；依托腾讯公司建设医疗影像国家人工智能开放创新平台；
依托科大讯飞公司建设智能语音国家人工智能开放创新平台。科技部还增补了人工智能
2.0 重大项目作为"十三五"全面启动实施的 16 个科技创新 2030 重大项目中的一个，推
动人工智能发展应用。

从国务院、工信部、科技部的一系列政策看，智能网联汽车已经成为人工智能发展
应用的重点领域，人工智能将结合智能网联汽车的发展需求，进行研发攻关、产品应用，
进而进行产业培育。

8.2　智能网联汽车质量标准

8.2.1　智能网联汽车质量标准的重要性

一辆传统燃油汽车在上市之前要经历残酷的考验：整车可靠耐久性测试、整车排放
耐久性和极端环境耐久性测试。同样地，智能网联汽车在正式推向市场之前，除了传统
汽车的"考试科目"之外，必须要在更为复杂的场景中完成技术考核。因此，为保证智
能网联汽车的质量，在智能网联汽车产品开发阶段就需要满足一定的质量标准，实现与
道路、设施及其他交通参与者的协调。

8.2.2　智能网联汽车质量的相关标准内容

目前有关智能网联汽车质量的相关标准主要有《道路车辆功能安全标准 ISO 26262》
和《合作式智能运输系统　车用通信系统应用层及应用数据交互标准》。

1.《道路车辆功能安全标准 ISO 26262》

安全在将来的汽车研发中是关键要素之一，新的功能不仅用于辅助驾驶，也应用于
车辆的动态控制和涉及安全工程领域的主动安全系统。随着系统复杂性的提高，软件和
机电设备的应用，来自系统失效和随机硬件失效的风险也日益增加，ISO 26262 为避免这
些风险提供了可行性的要求和流程。

道路车辆功能安全标准 ISO 26262 是 IEC 61508 对 E/E 系统在道路车辆方面的功能安
全要求的具体应用。ISO 26262 系列标准分为 10 本，从 ISO 26262-1 到 ISO 26262-10，分
别从功能安全管理、概念、系统级研发、软硬件研发、生产和操作等方面对产品的整个

生命周期进行了规范和要求，从而使得产品在各个生命周期都比较完善地考虑了其安全功能。

ISO 26262 为汽车安全提供了一个生命周期（管理、开发、生产、经营、服务、报废）理念，并在这些生命周期阶段中提供必要的支持。该标准涵盖功能性安全方面的整体开发过程（包括需求规划、设计、实施、集成、验证、确认和配置）。此外，ISO 26262 标准根据安全风险程度对系统或系统某组成部分划分了由 A 到 D 的汽车安全完整性等级（Automotive Safety Integrity Level，ASIL），其中 D 级为最高等级，需要最苛刻的安全需求。伴随着 ASIL 等级的增加，针对系统硬件和软件开发流程的要求也随之提高。

2. 《合作式智能运输系统　车用通信系统应用层及应用数据交互标准》

为推进网联化（V2X）技术在提升汽车安全性、经济性及交通系统效率等方面的深度应用，适应 V2X 通信技术（DSRC、LTE-V、5G）的多样性及演进，推动智能网联汽车技术在我国的发展，各车企及后装 V2X 产品需要一个独立于底层通信技术的、面向 V2X 应用的数据交换标准及接口，以便在统一的规范下进行 V2X 应用的开发、测试并推动工程化。

大规模测试和工程化应用都需要先建立统一的规范，定义基础服务和统一的数据交互需求和协议，实现相关车辆与车辆之间、车辆与道路设施之间、其他交通参与者之间的信息交互，以实现不同品牌车辆及 V2X 系统的互联互通和具备统一的基础功能。因此，我国智能网联汽车产业创新联盟 V2X 工作组制定了《合作式智能运输系统 车用通信系统应用层及应用数据交互标准》。

（1）标准关注范围　参考国际标准化组织（ISO）制定的通信系统七层参考模型，以及美国、欧洲正在制定的车用通信系统相关标准的系统架构，车用通信系统通常可以分为系统应用、应用层、传输层、网络层、数据链路层和物理层。该标准关注应用层及应用层与上下相邻两层的数据交互接口（图 8-3）。应用层协议主要包括消息集和消息集内的数据帧与数据元素，以及消息的数据结构和编码方式。

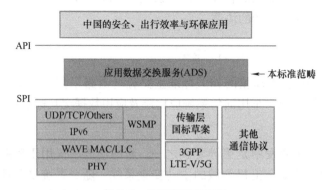

图 8-3　标准范围示意图

该标准并不指定底层的通信技术，可以用于不同的传输层、网络层和数据链路层、物理层。该标准通过向上制定与系统应用对接的应用编程接口（API），可以让不同的应用开发者独立开发能实现互联互通的应用，无须担心使用何种通信方式或者通信设备；

同时通过向下制定与不同通信设备对接的服务提供接口（SPI），以实现车用通信系统与不同通信方式或者通信设备的兼容，并满足通信技术不断更新的需求。

（2）标准主要内容 总体来讲，该标准通过对道路安全、通行效率和信息服务等基础应用的分析，定义在实现各种应用时，车辆与其他车辆、道路交通设施及其他交通参与者之间的信息交互内容、交互协议与接口等。具体来讲，该标准选择了涵盖安全、效率、信息服务三大类的 17 个典型应用作为一期应用，包括前向碰撞预警、交叉路口碰撞预警、异常车辆提醒、绿波车速引导、前方拥堵提醒、汽车进场支付等。此外在应用定义、主要场景、系统基本原理、通信方式、基本性能要求和数据交互需求 6 个方面对这17 个一期应用分别进行了描述，根据各应用对通信频率和时延的不同需求进行了分类。同时，该标准还对应用层数据集字典、数据交互标准及接口规范进行了定义，并给出了车辆基本安全消息、地图消息、信号灯消息、制动系统状态、车道属性等一系列数据集的代码，这些均可直接载入 V2X 系统中应用。

可以说，此次标准的出台填补了国内 V2X 应用层标准的空白，为国内各车企及后装V2X 产品提供了一个独立于底层通信技术的、面向 V2X 应用的数据交换标准及接口，以便在统一的规范下进行 V2X 应用的开发、测试，对于 V2X 大规模路试和产业化将起到推动作用。

8.3 智能网联汽车信息安全标准

8.3.1 智能网联汽车信息安全的重要性

汽车信息安全作为汽车发展的重中之重，在一开始就受到了电信行业、汽车行业、汽车电子设备行业以及互联网服务商的重视。现代车辆由许多互联的、基于软件的 IT 部件组成，为了避免安全问题，需要进行非常细致的测试。然而在汽车领域，通过系统性的安全测试发现潜在的安全威胁并不是一个常规的流程。汽车中使用的智能联网系统沿袭了既有的计算和联网架构，所以也继承了这些系统天然的安全缺陷。随着汽车中 ECU和连接的增加，也大大增加了黑客对汽车的攻击面，尤其是汽车通过通信网络接入互联网连接到云端之后，每个计算、控制和传感单元，每个连接路径都有可能因存在安全漏洞而被黑客利用，从而实现对汽车的攻击和控制。汽车作为公共交通系统的重要组成部分，一旦被黑客控制，不仅会造成驾驶人的个人信息和隐私被泄露，还会直接带来人身伤害和财产损失，同时还会导致品牌和声誉受损，甚至上升成为危及国家安全的社会问题。因此，制定智能网联汽车信息安全标准就尤为重要。

8.3.2 智能网联汽车信息安全的相关内容

1.《智能网联汽车信息安全白皮书》

为指导智能网联汽车信息安全建设工作的全面深入展开，2017 年 6 月中国汽车工程学会、北京航空航天大学、梆梆安全研究院联合发布了《智能网联汽车信息安全白皮书》，首次建立了智能网联汽车信息安全方法论，从本质层面解智能网联汽车信息安全之所急。

《智能网联汽车信息安全白皮书》综合分析了国内外智能网联汽车安全产业现状与发展趋势，解析了智能网联汽车所面临的安全威胁，深入地探讨了智能网联汽车的本质安全问题所在，构筑了能够对智能网联汽车未来信息安全起到核心支撑作用的方法论，描绘出了智能网联汽车整体信息安全框架。此外，还深入探讨了智能网联汽车关键安全防护技术，绘制了典型智能网联汽车攻击路径图。

此白皮书总结提出，当前智能网联汽车主要面临来自节点（T-BOX、IVI、终端升级、车载 OS、车载诊断系统接口、车内无线传感器）、网络传输、云平台、外部互联生态安全 4 个层面的 12 大安全威胁（图 8-4）。在黑客攻击的威胁下，智能网联汽车安全性变得越发脆弱，甚至可能导致致命事件的发生。

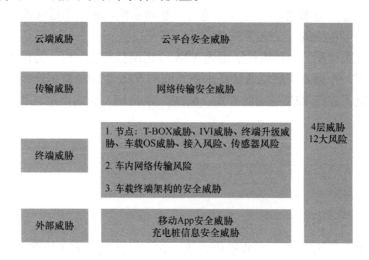

图 8-4　智能网联汽车的 4 个层面 12 大安全威胁

因此，按照传统的"端""管""云"的层次架构，同时结合当前新兴的外部生态，智能网联汽车的防护技术可围绕传统的"端""管""云"进行重点部署（图 8-5），并结合当前新兴技术（如 App 安全）实现对智能网联汽车的整体安全防护。具体来看，"端"的安全防护技术需从可信操作系统安全、固件安全、数据安全、密钥安全、FOTA 几个维度进行安全防护；"管"的安全防护技术需兼顾网络传输安全和边界安全；"云"的安全防护技术应从云平台安全、可视化管理、安全检测维度进行安全防护；而作为智能网联汽车生态重要组成部分的移动 App 安全也必须重点防护。

2. 智能网联汽车信息安全标准

智能网联汽车信息安全已成为国际标准化组织关注的主要问题之一，在国际标准化组织中 3GPP 对 V2X 的技术建立了信息安全技术要求，以保障通信层面的安全。一直致力于汽车安全标准的 SAE 与 ISO 成立了联合工作组，在 ISO/SAE TC22 中起草了 ISO 21434 国际标准，该标准将于 2019 年完成，主要约束了汽车信息安全工程能力的建设。在 ITU-T SG17 组中目前有一项《智能交通系统通信设备的安全软件更新功能》标准已经发布，其他新的标准正在立项。

			2020		2025	2030
	智能化		自主环境感知为主，网联信息服务，部分自动驾驶应用(PA)	自主与网联环境感知融合，实现较复杂工况下自动驾驶(CA)	V2X协同控制，实现高度自动驾驶(HA)	驾驶(FA)V2X协同控制，实现完全自动
信息安全技术路线图		总体目标	形成智能网联汽车信息安全管理要求，制定信息安全技术标准，完善信息安全测试规范，建立智能网联汽车信息安全应急响应体系		实现市场70%的智能网联汽车满足信息安全标准；实现DA和PA级自愿认证；CA/HA/FA级实行强制安全认证	实现市场100%的智能网联汽车满足信息安全标准；完善基于感知、决策、控制多域的智能网联汽车信息安全架构
	实施路径	端管	建立车载端传动系统、感知系统、电动系统信息安全模型样机，建立智能网联汽车车载信息安全技术标准和测试规范	车载信息安全多域协同分析防护体系建立，车载端漏洞分析与威胁防御机制建立	车载端信息安全网关产品研发，通过智能网联汽车车载测试评估体系推动安全网关产业化；建立智能网联汽车车载端信息安全认证体系
			汽车无线钥匙通信安全加密防护机制建立；车路协同无线通信安全防护体系建立；建立无线通信安全技术标准和测试规范	智能网联汽车4G/5G通信安全防护体系建立，形成智能网联汽车通信协议统一规范	建立智能网联汽车无线通信认证体系，研发智能网联汽车无线通信安全产品
		云	通过漏洞分析建立快速响应机制溯源攻击，形成云平台基础防护体系，制定智能网联汽车云端信息安全技术标准和测试规范	通过智能网联汽车后台监控系统建立应急响应机制，系统升级，形成云平台标准防御体系	通过漏洞研究进行威胁信息分析，通过大数据分析，建立云平台主动防御体系；建立智能网联汽车云端安全认证体系
			建立智能制造标准体系和信息安全保障系统 ——《中国制造2025》			

图 8-5　智能网联汽车信息安全技术路线图

我国也在积极推进智能网联汽车信息安全标准的各项事宜，如发布的《国家车联网产业标准体系建设指南（智能网联汽车）》通用规范中，列举了 16 项有关智能网联汽车信息安全的标准，目前有些信息安全标准已经立项，有些还在预研中，见表 8-2。

表 8-2　信息安全标准名称及进度

信息安全（204）	标 准 名 称	进度
204-1	汽车信息安全通用技术要求	已申请立项
204-2	汽车信息安全风险评估指南	预研中
204-3	汽车数据保护安全和隐私保护通用要求	预研中
204-4	车载操作系统及应用软件安全防护要求	预研中
204-5	汽车信息安全通用测试与评价方法	预研中
204-6	汽车信息感知设备安全技术要求	预研中
204-7	车载 ECU 信息安全技术要求	预研中
204-8	车载总线系统信息安全技术要求	预研中
204-9	汽车网关信息安全技术要求	已申请立项
204-10	车载信息交互系统（TBOX）信息安全技术要求	已申请立项
204-11	车载诊断接口（OBD）信息安全技术要求	预研中
204-12	驾驶人身份认证系统技术要求	预研中
204-13	汽车软件升级信息安全防护规范	预研中
204-14	电动汽车远程信息服务与管理系统信息安全技术要求	已申请立项
204-15	电动汽车充电系统信息安全技术要求	已申请立项
204-16	汽车信息安全漏洞应急响应指南	预研中

8.4　智能网联汽车道路测试法规

8.4.1　智能网联汽车道路测试法规的重要性

道路测试是开展智能网联汽车技术研发和应用不可或缺的重要环节。车辆若要在各种道路交通状况和使用场景下都能够安全、可靠、高效地运行，就必须进行大量的测试验证。为了进一步促进我国智能网联汽车的研究和发展，加快智能网联汽车道路测试的步伐，道路测试相关法规需要及早制定，以便指导各省市智能网联汽车开展道路测试，解决"测什么"、"怎么测"和"在哪里测"等关键问题。

8.4.2　智能网联汽车道路测试法规的相关内容

1. 国家智能网联汽车道路测试规范

为贯彻落实《中国制造2025》《新一代人工智能发展规划》《汽车产业中长期发展规划》，支持和规范智能网联汽车公共道路适应性验证，推动汽车智能化、网联化技术发展和产业应用，工信部、公安部、交通运输部联合制定了《智能网联汽车公共道路适应性验证管理规范（试行）》。

该规范适用于在公共道路上进行的智能网联汽车自动驾驶适应性验证，包括部分自动驾驶、有条件自动驾驶、高度自动驾驶和完全自动驾驶。

（1）部分自动驾驶　部分自动驾驶（PA，二级）系统根据环境信息执行转向和加减速操作，其他驾驶操作都由人完成。

（2）有条件自动驾驶　有条件自动驾驶（CA，三级）系统完成所有驾驶操作，根据系统请求，驾驶人需要提供适当的干预。

（3）高度自动驾驶　高度自动驾驶（HA，四级）系统完成所有驾驶操作，特定环境下系统会向驾驶人提出响应请求，驾驶人可以对系统请求不进行响应。

（4）完全自动驾驶　完全自动驾驶（FA，五级）系统可以完成驾驶人能够完成的所有道路环境下的操作，不需要驾驶人介入。

该规范明确了验证主体、验证驾驶人和验证车辆的要求。此外，还对验证路段、验证项目、验证规程、验证申请和审核程序、验证过程管理、验证期间事故责任认定及处理等内容做出规定。

2. 地方智能网联汽车道路测试规范

目前工信部、公安部、交通运输部都在结合自身工作，建设侧重点不同的智能网联汽车测试示范基地。工信部推进基于宽带移动互联网的智能汽车、智慧交通应用示范，已在全国布局了浙江省、北京市、重庆市、吉林省、湖北省首批5个试点；与公安部、江苏省合作支持无锡建设智能交通综合测试基地；与交通运输部协调联合推进标准制定和示范应用，已构建形成了包括北京、长春、武汉、重庆、浙江以及上海和无锡在内的"5＋2"车联网示范区。智能汽车和智慧交通测试示范包括车路协同、先进辅助驾驶、无人驾驶、交通大数据等技术与新产品应用示范、实验验证与测试评估等。

公安部交通管理科学研究所正在建设国家智能交通综合测试基地，分为封闭区与半开放区两部分，包括由多种类型道路、障碍物、交通信号、交通标志、特殊气象条件环境等构建形成的综合实际道路测试场景。测试基地建成后将对自动驾驶汽车的功能符合性、性能可靠性和稳定性等运行安全进行测试评估；同时面向国内外研发和生产自动驾驶汽车企业，对需要上公共道路测试的自动驾驶汽车颁发试验用临时行驶车号牌，并提供第三方权威测试和认证，为自动驾驶汽车考发"驾驶"执照。2018年10月，测试基地周边半开放测试环境建设基本完成，可对外开展测试工作，2019年下半年测试基地内场完成建设。

在智能网联汽车的测试推进方面，北京更是先行一步，由北京交通委、交管局和经信委印发的《北京市关于加快推进自动驾驶车辆道路测试有关工作的指导意见（试行）》，对测试主体、车辆、驾驶员、事故处理等方面都给出了要求。北京市路测指导意见的出台，一方面尽量避免了路测带来的安全隐患，另一方面也鼓励自动驾驶公司在国内进行研发和测试，引导产业积极有序发展。在北京、上海、重庆等地相继出台了地方实施细则后，工信部、公安部、交通运输部三部委共同发布国家层面的《智能网联汽车道路测试管理规范（试行）》。该规范提出了智能网联汽车公开道路测试的基本要求，具体的组织、实施以及开放路段选择，则由各省、市级政府主管部门制定实施细则加以规定。国家层面规范与地方细则有效衔接，有效地指导了各地智能网联汽车的道路测试工作。

习　题

1. 判断题

1）我国对汽车产业发展规划的总目标是力争经过10年的持续努力，迈入世界汽车强国行列。　　　　　　　　　　　　　　　　　　　　　　　　　　　　　（　　）

2）依据人监控驾驶环境程度的不同，智能网联汽车可分为驾驶辅助和部分自动驾驶。　　　　　　　　　　　　　　　　　　　　　　　　　　　　　　　　　（　　）

3）高度自动驾驶系统可以完成驾驶人能够完成的所有道路环境下的操作，不需要驾驶人介入。　　　　　　　　　　　　　　　　　　　　　　　　　　　　　（　　）

2. 选择题

1）下列哪个文件是指导我国智能网联汽车发展的一张宏伟蓝图和目标与行动结合的指导纲领。（　　）

A.《新一代人工智能发展规划》

B.《国家车联网产业标准体系建设指南（智能网联汽车)》

C.《汽车产业中长期发展规划》

D.《智能网联汽车信息安全白皮书》

2）智能网联汽车会面临多种威胁，但不会遭受（　　）。

A. 终端威胁　　　　　　　　　　　　　　　B. 云端威胁

C. 内部威胁   D. 外部威胁

3）智能网联汽车标准体系框架包括（   ）部分和 14 个子类。

A. 三个   B. 四个   C. 五个   D. 六个

3. 思考题

1）国家为什么要制定智能网联汽车法律法规?

2）为什么智能网联汽车信息安全如此重要?

3）简述《合作式智能运输系统 车用通信系统应用层及应用数据交互标准》的内容和意义。

参 考 文 献

[1] 王泉. 从车联网到自动驾驶——汽车交通网联化、智能化之路 [M]. 北京：人民邮电出版社，2018.

[2] 节能与新能源汽车技术路线图战略咨询委员会，中国汽车工程学会. 节能与新能源汽车技术路线图 [M]. 北京：机械工业出版社，2016.

[3] 朱茵，王军利，周彤梅. 智能交通系统导论 [M]. 北京：中国人民公安大学出版社，2007.

[4] 曲大义，陈秀锋，魏金丽. 智能交通系统及其技术应用 [M]. 北京：机械工业出版社，2017.

[5] 林培群，秦钟. 智能交通系统 [M]. 北京：人民交通出版社，2014.

[6] 周延风，李志涛. 分析云计算给汽车带来的影响 [J]. 农机使用与维修，2016 (11).

[7] 陈丹伟，黄秀丽，任勋益. 云计算及安全分析 [J]. 计算机技术与发展，2010 (2).

[8] 徐建闽. 智能交通系统 [M]. 北京：人民交通出版社，2014.

[9] 王兵. 交通信息技术及应用 [M]. 北京：机械工业出版社，2016.

[10] 许登元，蒲树祯，李益才. 交通通信系统 [M]. 成都：西南交通大学出版社，2012.

[11] 中国汽车工程学会，天津智能网联汽车产业研究院. 中国智能网联汽车产业发展报告 [M]. 北京：社会科学文献出版社，2018.

[12] 汽车发展历程 [EB/OL]. http://www.sohu.com/a/130168916_607998，2017-3-24.

[13] 中国电子信息产业发展研究院. 智能网联汽车测试与评价技术 [M]. 北京：人民邮电出版社，2017.

[14] 车云网. 车联网：决战第四屏 [M]. 北京：电子工业出版社，2014.

[15] 银石立方科技有限公司. 车联网技术与应用 [M]. 北京：人民交通出版社，2017.

[16] 赵娜，袁家斌. 智能交通系统综述 [J]. 计算机科学，2014 (11).

[17] 第一电动大牛. 图解《智能网联汽车道路测试管理规范（试行）》 [EB/OL]. [2018-04-13]. https://www.d1ev.com/kol/66858.

[18] 中国智能网联汽车示范区已超 16 家 [EB/OL]. [2018-08-01]. https://www.sohu.com/a/244510754_112238.

[19] 智能网联汽车的测试评价体系上海动工或今年 7 月投入使用 [EB/OL]. [2018-03-18]. http://www.elecfans.com/xinkeji/648994.html.

[20] 上海市智能网联汽车道路测试第一批发车仪式在嘉定举行 [EB/OL]. [2018-03-02]. http://www.jiading.gov.cn/zwpd/zwdt/content_482147.

[21] 何蔚. 面向物联网时代的车联网研究与实践 [M]. 北京：科学出版社，2013.

[22] 无人驾驶汽车测试场地（国内国外对比分析） [EB/OL]. [2017-11-12]. http://www.elecfans.com/xinkeji/578262.html.

［23］张俊友，王树凤. 智能交通系统及应用［M］. 哈尔滨：哈尔滨工业大学出版社，2017.

［24］崔胜民. 智能网联汽车新技术［M］. 北京：化学工业出版社，2016.

［25］张尧学. 大数据导论［M］. 北京：机械工业出版社，2018.

［26］李德毅. 人工智能导论［M］. 北京：中国科学技术出版社，2018.

［27］李伯虎. 云计算导论［M］. 北京：机械工业出版社，2018.